Emergent Curriculum
in Early Childhood Settings
From Theory to Practice

本书由伊丽莎白·琼斯撰写序言

幼儿园生成课程系列译丛

[美] 苏珊·史黛丝 著
叶小红 译

早期教育中的生成课程

从理论到实践

南京师范大学出版社
NANJING NORMAL UNIVERSITY PRESS

图书在版编目（CIP）数据

早期教育中的生成课程：从理论到实践 /（美）苏珊·史黛丝著；叶小红译． — 南京：南京师范大学出版社，2018.8（2023.9重印）
（幼儿园生成课程系列译丛）
ISBN 978-7-5651-3086-1

Ⅰ.①早… Ⅱ.①苏… ②叶… Ⅲ.①早期教育—课程—研究 Ⅳ.①G610

中国版本图书馆CIP数据核字（2016）第315873号

EMERGENT CURRICULUM IN EARLY CHILDHOOD SETTINGS: From Theory to Practice
by Susan Stacey
Copyright © 2009 by Susan Stacey
Simplified Chinese translation copyright © 2018 by Nanjing Normal University Press
Published by arrangement with Redleaf Press
through Bardon-Chinese Media Agency
ALL RIGHTS RESERVED
博達著作權代理有限公司
本书简体中文版由南京师范大学出版社在中国大陆地区出版发行
版权合同登记号：图字10-2014-361

书　　名	早期教育中的生成课程：从理论到实践
丛 书 名	幼儿园生成课程系列译丛
作　　者	［美］苏珊·史黛丝
译　　者	叶小红
策划编辑	万　斌　张泽芳
责任编辑	万　斌
出版发行	南京师范大学出版社
地　　址	江苏省南京市玄武区后宰门西村9号（邮编：210016）
电　　话	（025）83598919（总编办）83598412（营销部）83598312（邮购部）
网　　址	http://press.njnu.edu.cn
电子信箱	nspzbb@njnu.edu.cn
照　　排	南京凯建图文制作有限公司
印　　刷	江苏凤凰通达印刷有限公司
开　　本	710毫米×1000毫米　1/16
印　　张	15.75
字　　数	195千
版　　次	2018年8月第1版　2023年9月第6次印刷
书　　号	ISBN 978-7-5651-3086-1
定　　价	68.00元

出 版 人　张　鹏

南京师大版图书若有印装问题请与销售商调换
版权所有　侵犯必究

总序

"幼儿园教育是基础教育的重要组成部分，是我国学校教育和终身教育的奠基阶段"，幼儿园教育也有其教育目标和教育任务，由于学前教育的特殊性，这些目标和任务需要符合儿童身心发展的特点才能很好地实现和完成。因此幼儿园课程既要考虑社会的要求，也要考虑幼儿的兴趣和需要；既要促进幼儿的长远发展，也要满足幼儿即时的兴趣和需要。

长期以来，预设课程在我国幼儿教育中占据着主导地位，预设课程有明确的目标、内容和过程，教育过程就是实施预先设计好的方案或计划，幼儿在预设的方案或计划的框架中掌握教师准备的相对固定的内容，教育目标较易落实，能够保证幼儿的基本发展。尽管现在教师在制定和实施预设课程时会越来越多地把儿童的兴趣和需求考虑进去，但教师的关注点还是更多地放在预先制定的教育目标上，强调预设目标的准确性和确定性，在课程实施过程中，容易让教师拘泥于预定的目标，并在目标的引导下对幼儿进行指导和控制，出现"走教案"的情况；很容易出现课程与幼儿学习需求之间不一致的现象，幼儿的需要和兴趣得不到应有的、有效的重视，导致幼儿缺乏参与活动的内部动机，使得幼儿的主体性难以得到充分的发挥。

随着学前教育改革的不断深入，学前教育新理念、新思维、新方法不断为大家接受。在幼儿园教学中，教师越来越注意承认学前儿童的主体地位，尊重儿童人格，尊重儿童需要和兴趣，激发儿童的主动性；承认教师是学前教育的组织者、支持者、引导者和合作者。从某种意义上讲，生成课程更符合幼儿园教育实际和目标要求，进入大家的视野后，被不断学习、接受和使用。这使得生成课程逐渐成为幼儿园课程中新的存在方式。

生成课程不是教师僵化地执行预先设计好的方案或计划的活动，也不是听任幼儿无目的、随意、自发的活动，而是教师在课程实施中，通过对幼儿的观察，发现和跟随他们的需要和兴趣，充分利用教学资源，随时调整活动目标和进程，支持、引导幼儿的活动，充分发挥幼儿的自主性，调动和激发每个幼儿的潜力，使课程不断发生和发展，促进幼儿进行动态的有效学习和多元化发展。

实施生成课程对教师而言具有一定的挑战性，除了需要激发教师创造的热情外，对教师的素质要求也很高。这种素质不仅包括专业知识和技能，而且还包括教育机智和智慧。比如，在幼儿园教育中，教师对发生的一些很有价值的事件（幼儿的问题、行为、反应等）常常捕捉不到；有时虽然捕捉到了，但教师不知如何引导，或者教师也注意引导了，但可能由于教师的知识储备和应对能力不够，无法充分发挥其应有的教育功能。这些问题也许不是生成课程本身的问题，而是由于教师还没有足够驾驭、拥有生成课程的素质和能力，致使活动流于形式，为生成而生成。

《幼儿园教育指导纲要（试行）》指出"善于发现幼儿感兴趣的事物、游戏和偶发事件中所隐含的教育价值，把握时机，积极引导。关注幼儿在活动中的表现和反应，敏感地察觉他们的需要，及时以适当的方式应答，形成合作探究式的师幼互动"。《3-6岁儿童学习与发展指南》要求"最大限度地支持和满足幼儿通过直接感知、实际操作和亲身体验获取经验的需要""要充分尊重和保护幼儿的好奇心和学习兴趣，帮助幼儿逐步养成积极主动、认真专注、不怕困难、勇于探究和尝试、乐于想象和创造等良好学习品质"。为了满足幼儿园实施生成课程的现实需要，提高幼儿园教师开展生成课程的素质和能力，我们策划引进出版了这套"幼儿园生成课程系列译丛"。

通过对"幼儿园生成课程系列译丛"的阅读和

运用，我们期待幼儿园教师能够更好地理解生成课程的理念和价值，把握生成课程的内涵，学会实施生成课程的有效方法，提高实施生成课程的水平；解决好我国学前教育领域面临的"如何处理幼儿生成的活动与教师预设的活动之间的关系""如何面对幼儿自发的兴趣？""如何让幼儿自主、自由地发展？""如何处理幼儿与教师间的关系？""如何给予幼儿适宜的帮助？"等问题，让生成课程在幼儿园广泛、正确地实施起来。这样可以更好地调动幼儿学习的积极性，让幼儿的学习更生动、更有效，发挥和发展幼儿的主体性；更好地提升幼儿园教师的专业素养和能力，提高我国幼儿园课程水平，促进幼儿的全面发展，为未来培养出更多、更好的创新型人才打好基础。

幼儿园生成课程的实施是一个动态、变化而又很难原封不动复制的过程，关键是要理解生成课程的理念、内涵，掌握其方法，具体实施水平需要在幼儿园教学过程中不断反思、总结和提高。南京师范大学出版社一直努力为广大的学前教育工作者和研究者提供先进的、科学的、有价值的学前教育理念、理论和实践产品，让我们一起为我国学前教育事业的发展做出贡献。

"幼儿园生成课程系列译丛"丛书编委会

2018年8月

献给我的孩子们——迈克尔、珍妮弗、马修,

是你们告诉我什么是童年。

献给我挚爱的父母——多萝西、刘易斯,

是你们发现了陪伴孩子们的乐趣。

目录

序言　　　　　　　　　　　　　　1

致谢　　　　　　　　　　　　　　7

介绍与邀约　　　　　　　　　　　11

第1章
生成课程与你的教学之旅　　　　　1

第2章
通过观察去捕捉孩子们的想法　　　29

第3章
时间的作用　　　　　　　　　　　49

第4章
反思性实践　　　　　　　　　　　76

第5章
从反思到课程　　　　　　　　　　102

第6章
纪录——让思考看得见　　　　　　130

第7章
教师作为研究者　　　　　　　　　160

第8章
汇总　　　　　　　　　　　　　　176

第9章
生成课程是一种创造性行为　　　　199

参考文献　　　　　　　　　　　219

序言

作为一名儿童抑或教师,你是否曾在学校里感到无聊呢?

对于我们大多数人而言,学校就是使用老套的经验去完成一些日常的工作。的确,作为儿童,我们确实学习了一些在成人看来对我们很重要的东西。然而,教室常常不是一个让我们去了解自己、了解朋友,或者去了解一些世界上真正让我们感兴趣之事物的场所。这种了解更有可能发生在隐蔽处、邻居家或我们自己家里,在这些地方我们有时间和空间做出选择,也有朋友去商量问题,分享解决办法。

作为一名幼儿教师和幼儿的照料者,你是否曾感到工作很无趣?与孩子们在一起的日子可能太平常了。你的工作是不是就如同一张每天需要你,或者甚至可能需要孩子们去忍受的时刻表呢?

现在,许多孩子从婴儿期起就经历了儿童保育。对他们中的一部分人而言,儿童保育可能只是更早地开始了"学校"教育——在集体中,去做被

要求做的事情。但那不是幼儿和教师们最好的学习方式。在一个有序的环境里，幼儿会极其主动而投入地探究对他们而言是如此新奇的世界。

幼儿选择自己想做的事情，充满活力地去做，然后转向下一个挑战。在一旁观察幼儿的照料者同样也是主动的学习者。她需要问自己：这些孩子是谁？他们对什么感兴趣？他们擅长什么？他们正在练习什么？下一次活动，我应该给他们提供什么？

最佳状态的教学是一种创造性行为。苏珊·史黛丝所著的《早期教育中的生成课程：从理论到实践》让我想起了这一事实。透过她自己和同事所经历过的真实生活故事，她提供了一个践行生成课程之艺术的构架。

课程设计和开发有两个基本的取向：预设和生成。预设课程的诱惑是强大的，它太容易学了，只需跟着别人已经确定的方向走就行了。也许园长已将一本厚厚的写着活动和学习目标的书交到你手上说"这就是我们的课程"。也许你已经被告知，要事先将你的课程计划写好并上交，这样幼儿园就能证明自己正在履行职责。

年幼的孩子更了解。并不只是因为有我们的"教"才有他们的"学"。当他们的兴趣被激发出来时，他们就会主动去学习。因此，如果在他们的头脑中、身体中或环境中有让他们更感兴趣的东西，他们可能就不会将注意力集中在你的课上。他们的身体需要活动，世界呼唤着他们去探索。通过不断的实践，儿童极其兴奋地建构自己关于世界的知识。

如果我们希望世界上居住的是聪明的孩子和成人，那么就需要对孩子内在的学习动机做出回应。在早期儿童身上，这种内在的学习动机达到了顶峰。当幼儿教师和幼儿的照料者以儿童为榜样时，成人出于自己的好奇心，与孩子一起学习，去了解儿童，他们就处在最佳状态。我们观察儿童，我们思考，我们回应，课程就是这样生成的。

我们不能写一本生成课程的书，然后装订好拿去销售。生成课程是由它的参与者创建的，因为它需要有持续的敏感度，所以对教师和照料者来说，这意味着要做更多的工作。生成课程充满着惊奇和新的挑战，因此也更有趣，更有教育意义。生成课程是一种追溯性的课程，在没有发生之前，它不可能被真正写出来，因此如果你被要求事先写好课程计划，那对你来说可能就是个难题了。在本书中，苏珊·史黛丝很好地处理了这个两难问题，尤其是仔细讨论了教师们的"纪录"过程，即记笔记、拍照和以儿童的作品为例对儿童的萌发式学习创作视觉表征的过程。

许多要求大学生和在职教师们阅读的书籍充斥着原则、最佳的理论与实践、清单、教案和研究问题。它们要求："你在学我们正在教的内容吗？"

"记住它，考试时会考到的。""如果你是一名好老师，你在课堂上会这样做。"非常奇怪的是（或者也许不那么奇怪）：许多早期儿童教育的从业者，并没有在课堂中实践他们所学的这些知识（尽管他们通过了考试）。

作为一名早期儿童教育专业的大学教师，我经常发现自己在与其他大学的同事对话时，他们一再感慨地说："我们怎样才能让他们按照我们所教的方式去做呢？"我的回答是，大多数情况下，我们做不到。我注意到，教师和其他成人不会仅仅因为他们已经学习了为什么应该采用发展适宜性实践的原则或别的理论模式，就改变他们的行为。如果我们正为遇到的困难而焦虑，如果我们已经厌倦现状并正在寻找一些新的东西去尝试，或者如果我们被一次改变命运的经历（可能以关于其他儿童工作者的故事的形式呈现）所激励，我们就会努力去改变自己的行为。

《早期教育中的生成课程：从理论到实践》是一本关于其他早期儿童教育工作者的故事集。当你阅读这些故事时，要好好地琢磨琢磨关于"为什么教师和照料者以这样的方式与孩子一起工作"的一些解释。如果你去尝试类似的事情，会出现什么情况？你的孩子会无法无天吗？你会陷入改变教案的麻烦之中吗？你会有关于孩子的新故事与他们的父母去分享吗？你会学到一些关于世界、儿童和自己的新知识吗?

　　对我而言，为准备写这篇序而阅读这本书稿是一项有趣的挑战。每次当我想到一些我可以说的话并把它记下来时，我会进行更深入的阅读，然后发现这些话苏珊已经说过了。她真的知道这些东西。她也与从事此项研究的其他人打交道，在本书中，她分享了许多关于他们的故事，分享了她自己的故事。我们并不都是一样的人，建立对话需要有不同的声音。

　　我去新罕布什尔州拜访过苏珊的幼儿园，亲眼看到她在本书中分享的一些故事。她真的是这样做的，你也可以这样做。

伊丽莎白·琼斯
于太平洋橡树学院

致谢

早期儿童教育工作者需要良师益友——来为自己专业化的工作鼓劲加油,帮助自己记住干这一行的欢乐和灵感。我有幸拥有几位这样的导师:卡萝尔·安妮·威恩,她不断地激发我思考;希拉里·马伦泰特,她在几年前就鼓励我听从自己的内心;伊丽莎白·琼斯,她介绍我去太平洋橡树学院,并一直满怀喜悦地关注我的职业生涯,坚定地支持我,提出许多能引发我思考的问题,使我保持一种令人愉快的认知不平衡状态。

我还需要一群能和我一起思考、质疑、辩论和解决问题的同事。多年来,利兹·希克斯就充当了这样的角色。玛吉·卡特、德布·柯蒂斯、约翰·尼莫、苏珊·哈格纳、巴布·比奇洛、格雷琴·雷诺兹、利兹·罗杰斯和特蕾莎·科斯格罗夫等人亦是如此。多年来,与这些思想者对话,对我专业的成长极有裨益,有助于我对自己的工作保持热情。

在本书中，许多早期儿童教育工作者分享了他们的教学。写这本身就是一种慷慨的行为，因为他们将冒险与更大范围的读者去分享他们的工作、纠结和成功。为了我，他们花费时间去反思，去写信，去挖掘，并把这些很难找到的记录和照片邮寄给我。总之，他们乐意去做对完成本书写作有帮助的任何事情。这些教育工作者是位于康科德的新罕布什尔州技术学院儿童与家庭发展中心的邦妮·莫林、罗莉·华纳、凯蒂·勒格、卡丽·迪佩尔和卡伦·费尔克；位于康科德的爱默生幼儿园的苏珊·哈格纳和她的同事；位于加拿大新斯科舍省哈利法克斯的朱比利路（Jubilee Road）儿童中心的教师们；同样位于哈利法克斯的彼得·格林·霍尔（Peter Green Hall）儿童中心的教师，其中包括伊丽莎白·康拉德，几年前，她作为我工作团队的成员，勇敢地参与了去除教室里时钟的案例研究。同样地，新罕布什尔州技术学院早期儿童研究专业的学生也促使我去思考，什么对教师课堂中的行为起作用，什么不起作用。参与他们以及所有曾与我共事过的来自美国和加拿大的学生们的讨论，使我能够清晰地表达自己关于生成课程的思考。我感谢所有这些人，无论是学生还是经验丰富的专业人士，感谢他们一直对生成课程保持开放的态度，感谢他们为孩子们所做的一切，感谢他们对我们这个研究领域所做的奉献。

致谢

我的编辑贝丝·华莱士，以一种令人敬佩的耐心和幽默，在我写书的过程中指导着我。她协助我解决了技术问题、改稿和写作中遇到的困惑。贝丝了解早期儿童教育，她的工作体现在这本已完成的书里。

我非常感谢创作了本书中作品的孩子们。他们的洞察力不断地带给我惊奇，他们的能力令我吃惊。最后，要感谢布莱恩，在过去的一年里，我总是在晚上和周末加班，以致你很少见到我。笔记本电脑是一个贵重的礼物，但比这更贵重的礼物是你一直支持我，并以我所做的一切为荣。

介绍与邀约

本书是一张请柬，邀请你深入思考为幼儿提供的课程。这样做是很重要的，因为你所提供的早期教育课程会对"儿童如何学习"产生深刻而长远的影响，同样重要的是，会对"儿童有多享受学习的过程"产生影响。

也许你是一位有经验的早期教育工作者，曾听过并思考过生成课程，但至今还未有机会在教室里探究过它。或者你已经研究过生成课程相关的理论，正想了解如何把理论转化成实践。或许你是早期教育的新手，正想了解如何着手进行课程创生。或许你被要求执行既定的课程，正想了解如何融入更多"以儿童为中心"的实践活动。无论属于何种情况，在本书的阅读过程中，你都有机会去反思自己关于课程的信念、你在教室里想追求的东西，以及你可能做出的选择。

你的价值观和信念，与你所受的培训和你的工

作经验混合在一起，被转化成教室里的实践，直接影响着儿童对学习的喜爱程度、他们解决问题的方式，以及他们运用材料、参与调查和与人接触的方式。为了让儿童建构知识与建立关系，我们这些早期教育方面的专业人员在尽可能提供最好的环境和经验方面，负有极大的责任。要做到这一点，就需要仔细斟酌，乐意去探究和实践，不断地与其他专业人员进行对话。

当然，你自己的受教育程度、经验和所受的专业训练，也会对你如何思考和如何创生课程产生影响。这里你会面临许多选择。我们这些教师被从期刊、工作坊、专业发展研讨会、在职培训和我们自己阅读中获得的信息包围。我们的工作对象涉及从婴儿到学龄儿童，全日制或半日制机构的儿童，在家、儿童中心或公立学校的儿童，在商业的或非营利性环境中的儿童。所有这些机构的自主权水平不同，因而做决定的机会也不同。

然而，尽管环境不同，优质的早期教育的核心是游戏。游戏是儿童自我选择、自我导向的活动，给儿童提供了丰富的学习机会。当儿童通过游戏来探究自己的关于"世界是如何运作"之理论时，他们会非常投入。蒙台梭利告诉我们，儿童对自己感兴趣的东西学得最好。杜威也提醒我们，儿童喜欢参与真实的工作。这就是说，儿童是通过置身其中去了解世界的，是通过参与对他们而言有意义的项目活动来建构自己的知识的。维果斯基告诉我们，儿童之间、儿童与充当促进者角色的教师之间会发生许多社会学习。促进者这个角色是重要的，因为珍视儿童想法的教师想要支持这些想法，并在不干扰他们游戏的情况下，把儿童的学习带到一个更高水平，这是一种微妙的平衡。

当然，幼儿需要在非外在动机驱动下进行游戏。在一个有趣的环境中，他们可以愉快地做好几个小时的游戏。（注意我使用的是"有趣的"

这个词，而非"配置丰富的"。如果给予幼儿机会和更长的游戏时间，他们就会使用许多诸如硬纸板盒、石头和沙子等材料进行复杂的游戏。）在你的经验里，你也许曾看到过以游戏为本的课程之运转，或者，与之相反，曾观察到游戏被视为与课程相割裂的活动。在我的经验中，当游戏被视为与课程分离的时候，游戏就会被限制在一个很短的时间里，人们更多地关注它的安全性而不是它的趣味性，也不是把它视为一个让教师反思的机会。在所谓的"真正"的课程中，游戏被视为一种干扰。

由于童年总体上消逝了，游戏的作用似乎被低估或遗忘了。回想你自己的童年，你曾玩什么或跟谁一起玩？你有多少时间做白日梦、放松、用发现的材料去玩游戏、待在户外、和别的孩子一起发明游戏，或者只是"胡闹"呢？我猜跟今天的孩子相比，你那时有更多的机会用这些方式打发时间。今天的孩子可能生活在一个更被严格管制的环境里，玩被安排好的游戏，放学后的活动需要登记、拼车前往、定期参加，大量的时间消磨在电脑显示器或电视屏幕前。事实上，有时候在提供了一大堆自然材料和有大量时间的非结构化环境中，儿童看上去似乎不知道怎么玩，他们常常不知所措。

当早期教育环境中的课程来自书本中规定的活动，或当教学方法延续以前教师的做法，却未经权衡其是否恰当，课程就变得僵化了。这种情况对那些为了建构知识而需要和应该得到有趣的事物去学习或探究的孩子是没有帮助的，对他们的老师也是没有帮助的。由于被局限于重复性的、枯燥的课程中，教师觉得对自己的工作几乎不可能保持活力和热情，激情更少了。没有什么要期盼的东西，日复一日的教学变得像是走过场一样。

有时候，教师被更高一级的权威部门要求以某种方式进行教学，感觉自己没有权力去挑战权威或做出改变。结合实际需求开展教学的其他教师，感到不堪重负，或仅仅没有时间对自己正在做的事情进行反思。他们班上的孩子是安全的，看上去也很快乐。除非向这些教师提供另一种方法，否则他们也许觉得这样已经足够了。在这种情况下，我们必须想起儿童的潜力。在很小的时候，儿童充满了惊奇和好奇，还有许多有趣的想法和理论。他们也非常能干，但他们的这一能力有时会被低估。对儿童而言，每天都充满着从游戏中学习的可能性，比如，玩建筑工地游戏时，他们会去探究滑轮是如何工作的；玩餐馆游戏时，就会与印刷品和钱打交道；帮助有残疾的朋友登上室外的平台时，他们学习了如何解决问题；把剪刀与橡皮泥结合起来玩的时候，他们的小肌肉动作技能得到了发展。教师的特权是有机会利用儿童乐意去探究的特点，激发他们与生俱来的好奇心，通过有趣的课程去培养他们对学习的热爱。

然而，即便教师愿意去尝试一些对孩子们有益的、有趣的方法，其他的障碍也会阻止有意义的生成课程的诞生。例如，许多教师被（他们的主管，还有地方或国家级的学术权威）期望事先备好课。毕竟，教师有责任向这些权威和儿童的家庭解释自己的行为。教师该如何在课前稍作准备，同时又能对课上出现的可能性保持开放呢？当孩子们日复一日地通过游戏探究、发现、协商和创造一个属于自己的世界时，也许会出现这种可能性。教师们如何在课程开发中显出他们对儿童和儿童想法的重视呢？

现在，加上这个困惑，过去的20多年来开发了过多的标准（这也增加了困惑），尽管这些标准旨在指导教师进行发展适宜性的教学实践，帮助教师界定并努力达成优质的保育和教育，为有质量的职前教师培养制订指南，但也使实现真正以儿童为中心的课程之梦想变得更为复杂。在整个北美和世界其他地方，早期教育工作者越来越经常被要求将他们的课程与政府部门或学校董事会制定的学习标准联系起来。无论这些标准背后依据的理论是什么，无论教师个人是如何看待这些标准的，在以儿童为中心的课程中重视并保护让儿童通过游戏来学习，同时把所要求的标准牢记在头脑中，是至关重要的。如果我们在教学生涯中忽视这些关于游戏的基本价值观，或者不能经常清晰地向政策制定者阐述这些价值观，我们就会面临失去"将游戏作为学习手段"的风险。在工作中，我们可能会被越来越多的与儿童年龄或发展阶段不相适宜的教学要求所包围，这些要求没有满足儿童希望通过亲身实践、引发思考的经验来建构知识的需求。

邀请你去做个梦

不妨来做个梦，想象一下，你若处在一个完全自由的位置，你打算为孩子们提供何种课程？你有机会去研究，去使用有成效的实践模式和令人惊叹的环境，去找到优质的文献资料和实现专业发展。既然你在做梦，你就不需要担心钱。你想创造哪种类型的课程呢？为什么？你会从哪里开始？你认为课程源自何处？

生成课程从儿童那里开始。具体地说，它始于某一群儿童。由于年龄小，他们充满着好奇、精力充沛、聪明和富有潜力，并带着大量的前知识来到教室。婴儿对关系已经有许多认识；学步儿是糊里糊涂的活动者，同时又试图搞清楚世界是怎么运作的；学前儿童开始学习探究和问题解决，走上最终成为研究者的道路。当教师与一群孩子一起工作几周和几个月，他们逐渐对这些孩子有了很好的认识。他们了解孩子们的个性和习惯特点、感兴趣和害怕的东西、成功和努力。这样了解儿童及其家庭，使教师有了从特定的一群儿童的兴趣和问题出发去创生课程的机会。这些知识，连同经常观察和谨慎而深思熟虑的回应，使得生成课程开始逐渐发展起来。

　　梦想不应该只是梦想。在工作时把你的梦想记在头脑中，你就能通过一个不同的镜头去看待各种事件和日常工作，聚焦儿童在游戏中真正想要去发现或证明的东西。这也可能会让你想知道"在回应时你可以做什么，以及你可能如何去回应"。

邀请你去探究另一种可能性

　　儿童有权拥有为他们量身定做的回应性的课程。儿童会积极地参与这样的课程并满怀喜悦，因为它既属于孩子们，也属于他们的老师。如果你试着考虑，儿童在引导课程发展方向上必须要有多少付出，你就能看到一条通向真正的合作之路。例如，也许在你的班里有一名幼儿，满脑子都是游戏的好点子并能带领其他孩子一起游戏。你能帮助这个集体进一步发展那些想法吗？或者，你也许可以给孩子们提供机会去研究一个模糊的问题。下面有两个与此类问题有关的真实例子，它们来自幼儿园课堂，能让我们一睹儿童的思维：鼻子是怎么知道这是什么气味的？洞洞和空隙的区别是什么？

　　看到孩子们好奇、兴奋和忙碌，也会点燃你自己的教学激情。作为教师，你不可能知道所有的答案。相反，你必须愿意与孩子们一起去调查，与孩子们合作，因为你们是在一起学习。

　　生成课程使你不仅能够尊重孩子们的声音，而且能够达到不同学习领域的标准，还能够尊重儿童与教师们独特的学习风格与才能。如果你真的相信儿童能够通过游戏来学习，那么你就会认可：通过与材料、人和环境建立关系，儿童能达到学习标准——那样的学习是嵌在有意义的、有趣的游戏之中的。在你的日常工作中，你可以练习识别、记录和交流这种学习方式。运用翔实的观察纪录，你可以把有关游戏的语言和有关标准的语言结合起来，准确地阐述在你的早期教育项目中发生了什么。

对有些教师而言，与孩子一起合作去创生课程的想法已经不再新鲜。那些熟悉生成课程的教师正在拼缀合作的、回应性的课程之梦想，同时坚守我们社会所提出的高质量保育和教育之标准。他们正在证明碎片组合和梦想是可能的。在生成课程中，所有的观点都会被考虑，所有的游戏者——儿童与成人——都有发言权。

对生成课程的定义

如果教师是敏锐的观察者，那么他们就不仅会注意孩子们在做什么和玩什么，而且还会注意孩子们在游戏时是怎么玩的和说了些什么，这时，他们就处在基于观察来开发课程的有利地位。纵观本书，我们将看到可以如何收集观察纪录、对话转录和儿童的作品痕迹，我们将探寻教师们反思上述活动的过程来发现其意义，我们还将思考可以做出什么样的可能的回应。这些讨论隐含着我们自己对生成课程的假设：

- 尽管生成课程是由教师搭建框架的，但却是由孩子们发起的，考虑到了这是儿童与教师之间的合作，就要允许每个人发出声音。
- 它是对孩子们的回应，因而允许教师将课程建立在孩子们现有的兴趣之上。
- 在课程实施中，教师充当的是促进者的角色，将其所见所闻记下来，给予孩子们发现更多、挖掘更深、建构更高级的知识的机会。
- 那种课程计划是弹性的，而非事先规划好的，是不断发展的。课程是动态的，既不是毫无变化的，也不是重复性的。

- 通过各种形式的纪录，儿童的学习和教师的思考变得可见。
- 它建立在本领域内所公认的理论家的理论基础上：杜威、皮亚杰、维果斯基的理论成果支撑着生成课程的哲学。生成课程的实践，使这些理论家的学说看得见，摸得着——它们不再只是早期教育课本中的抽象理论。

邀请你去审视自己的实践：本书概览

当我们从日常教学实践的角度去审视生成课程意味着什么时，我们也会去思考我们所崇尚的价值观。当我们主动地思考自己关于"为儿童提供的优质课程是由什么构成"之价值观时，我们更有可能在日常的教学中把这些价值观转化成现实。通常，那些满怀理想离开大学的准教师，在进入复杂的教学世界后会变得沮丧。有时候，甚至曾经坚定的价值观也会被淹没在日复一日地与一群活跃的三四岁孩子一起度过的实际问题中，不再那么清晰。

刚进入一个教育机构之时，即便是成熟的教师也会禁不住按照以前的方式处事。因为日常生活的每个方面都有一个脚本，一种我们通常采取的方式。在本书中，我们将审视教学的脚本，反省我们是继续盲目地按照老脚本行事，还是相反作为专业人员不断地成长。我们还要思考可以如何去挑战或改变、重新思考或更新教学的脚本，从而为僵化的实践提供另一种选择。

在第1章里，我们查看了刚开始探究生成课程的教师的出发点。我们将遇到一位教师，她认真思考了自己的价值观并经历了一个改变历程。她描述了重新思考自己的实践所面临的挑战，以及自己最终如何做到符合职场的要求，进而重燃教育幼儿的热情。

第2章把观察视为起点。在观察时你在寻找什么？你是如何有效地记录你所看到的东西的？教师是忙碌的实践工作者，本章探讨了将课程装在头脑中去观察儿童的可行性。

在开发幼教课程时，教师们需要停下来仔细思考，而不是盲目依循之前出现的事情。价值观就成了需要仔细思考的东西。在第3章，我们审视了幼教课程中经常被认为是理所当然的一些事情：作息时间、时间的作用、圆圈时间、大组和小组活动、多样性，以及学校的文化。

只有在某种解构之后，教师们才会去思考如何根据自己的价值观去重构课程。因为大多数从事早期教育的教师是以团队的形式进行工作的，他们彼此之间关系亲密。决策是共同做出的，团队必须要倾听每位成员的想法，审慎考虑，开展对话，以便为接下去该做什么做出令人满意的决定。在第4章和第5章教学小组的故事中，当教师个体在讨论课程创生过程中出现争论时，这种团队合作其实就得到了检验。

第6章阐述了一个重要问题：通过对儿童学习的纪录来解释教与学。早期教育的专业人员有责任开发最适宜的早期教育课程，并让儿童的学习看得见。意大利瑞吉欧·艾米利亚的教师已经向全世界的教师介绍了纪录这一绝妙的工具，通过叙述、轶事笔记、学习故事、磁带录音、艺术作品和教师的解释展现了儿童的想法，从而证明了学习的发生。本章介绍了许多教师所使用的让学习过程可视化的方法，包括如何将学习与要求的标准联系起来。

令人高兴的是，生成课程为教师们参与课堂研究提供了一个途径。由于这种课程需要来自教师的持续观察，观察和反思不久就成了习惯，成为教师在教室里存在的方式。这种倾向使教师们在自己的工作环境中变成研究者。在第7章，我们探讨了促使教师开展行动研究的因素，以及这种探究循环如何为我们的教学实践提供信息。

随着我们对生成课程的许多组成部分的持续探讨，我们终将到达必须把各部分组合起来的时刻。在第8章，我们将深入地去考察一个长期的项目，研究该项目的起点、教师在项目中所做出的决定、项目随着时间的演变，以及项目实施过程是如何被记录的。

第9章，讨论生成课程作为一种创造性活动、一种让教师保持教学热情和维持与儿童合作的方法之理念。本章包含了本书中的教师和我所发出的一些邀请。我们希望这些邀请会激发你去尝试一些新的东西，走出陈旧的脚本，迈向反思性实践。

邀请你与使用生成课程的教师会面

本书"教师的声音"中的故事，是关于不同专业水平或工作舒适（comfort）程度不同的教师使用生成课程时发生的故事。有些教师在培训时了解到生成取向的课程理论，现在正第一次将这些理论付诸实践；有些教师在职业培训时对生成课程一无所知，但发现自己的工作单位期望把生成课程付诸实践。这些教师都坚定地相信，生成课程赋予了他们自由，使他们真正做到在以儿童为中心的同时，也能达到社区的要求。他们都将游戏视为儿童学习必不可少的手段。

这些教师受雇于如下几个美国和加拿大的幼教机构：

- 位于康科德的新罕布什尔儿童与家庭发展中心（CFDC），是两年制大专新罕布什尔州技术学院（NHTI）的实验学校。该中心可容纳45名从6周到5岁的儿童，始创于2001年，是一个拥有最先进设施的专业机构。CFDC的教职人员拥有多样化的专业背景，包括受过早期儿童教育专业（ECE）大专和本科专业训练的教师。这个实验学校努力去展示生成课程，因为新罕布什尔州技术学院的幼教专业就在教授生成课程。

- 位于新罕布什尔州康科德的拉尔夫·瓦尔多·爱默生幼儿园，是一所半日制的幼儿园，服务40多个家庭。该幼儿园招收3岁至5岁的孩子，利用教堂建筑的一小部分办学。它的园长也是一名教师，教师们已经在此工作多年了。他们也受瑞吉欧·艾米利亚实践的启发。

- 位于哈利法克斯的彼得·格林·霍尔（Peter Green Hall）儿童中心是一所全日制机构，它是大学家属宿舍的一部分。它的服务对象是90个家庭中从4个月到10岁的孩子。这里的教职员工对生成课程已经很熟悉了。他们也受到瑞吉欧·艾米利亚的实践的鼓舞，部分教师还参观过意大利学校。

- 同样位于哈利法克斯的维多利亚·杰纳勒尔儿童保育中心，曾经是一个为维多利亚·杰纳勒尔医院的职工服务的职场儿童保育中心，现在由于医院重建和财务困难两方面的原因而关闭。该儿童保育中心招收婴儿至5岁的孩子，75个家庭的孩子在该中心接受延长保育服务。许多教师受过高瞻课程的培训。

在所有这些故事中，有些故事来自在上述机构中实习的教师。我们将会看到当这些教师思考并与孩子合作时的纠结与成功，以及从中获得的专业成长。我们会听到来自教师、师资培训人员和园长的观点，伴随他们所经历的启发、纠结、反思和重燃对工作的热情。

邀请你去了解作者

我自己关于生成取向课程的经验始于童年在英国小学的学习经历，在那里，无论什么领域的学习内容都采用亲身动手的方法来学习。直到我自己开始从事教师培训的工作时我才意识到，在解数学题时，不是每个人都能得到一盒纽扣；不是所有的孩子在教室里都能拥有一桶黏土；并非每个班级都是以小组的方式组织活动，并鼓励每个成员发表意见！我在那些学校上学的时候，班级每天都讨论社区新闻报上刊登的新闻，学校的活动都来自那些事件。我现在理解了那些方法的使用可能与杜威和皮亚杰有点关系。回想那时候，我确实喜欢学校，喜欢学习。

当我开始以师资培训人员、顾问和园长的身份在幼教领域工作时，我很快就对看上去死板的、重复的、不以儿童为中心的课程感到非常失望。创造性体现在哪里？教师如何表现出他们的热情？为什么为儿童设计的活动必须来自书本？正是在阅读伊丽莎白·琼斯、约翰·尼莫和格雷琴·雷诺兹等人的著作的过程中，我才体验到片刻的认可。他们讨论了基于游戏和生成课程的取向，这些理念符合我自己与儿童和教师一起工作时要践行的做法：把儿童的想法和他们的游戏放回到课程中去。

在过去25年与教师相处的过程中，我逐渐认识到生成课程既充满挑战又令人兴奋。在我担任大学教师和教学实习主管时，我曾遇到的挑战是如何向那些新教师介绍生成课程，这些教师正处在努力应对如何开展课堂教学的困境。我和我的同事不得不问自己：生成课程的哪些部分可以供一个新教师使用呢？作为实验学校的校长，我曾与有经验的教师共事过，尽管这些教师是因为具有丰富的生成课程知识而被聘用的，他们也还在努力学习运用生成课程的某些方法。我感激所有这些过往的经历。这些教师和学生们的努力与成功的经验，也让我自己逐渐加深了对生成课程的理解。

邀请你去追随一名教师

在我们的教育生涯中,某个时刻或某个情景会引发我们对正在做的事和做事的方法进行反思。当我们在阅读、参加工作坊或研讨会,或与其他专业的人员进行对话时,这样的时刻可能会让我们顿悟。这个时刻是怎么到来的并不重要,重要的是它会产生什么影响。因为它会引起改变,尽管改变是难的(它会产生认知不平衡!),它也可能引导我们去追随自己的内心想法,去追寻与自己的信仰和价值观一致的做法。

在第1章,我们进入邦妮老师的世界。为了让孩子们表达意见,她决定要尝试另一种方法,并且真的那样做了。

1

第1章 生成课程与你的教学之旅

当我们去探究一种新的教学实践时，审视一下自己的早期教育信念是很有裨益的。只有那样做，你才能思考那些信念如何影响着你每日的工作，或者那些信念是否全部存在，只是在教室里看不见罢了。

例如，随着时间的推移，幼教工作者创造了"游戏是儿童的工作"和"通过游戏学习"之类的话语。然而，在整个北美的许多早期保育和教育环境中，游戏的价值并不显见。只给幼儿安排很短的游戏时间，或者将物理环境创设得如同学校教室一样，而不是适合6岁以下儿童的学习环境，这些情况并不少见。与基于游戏的课程不同，在这里我们看到的课程可能是由权威部门自上而下地设计的，与特定的幼儿群体没有关联，课程的实施遵照预先确定的主题进行。

当参观者进入你的教室或中心，他们如何考查你作为教师或园长所持的价值观呢？如果你希望儿童有能力去想象和去解决问题，去参与复杂的游戏来表现他们的想法和理解，在课堂上有一种能动感，那么你可以从审视"目前你所在幼儿园的课程像什么"开始。然后，思考"你希望课程是什么样的；在你的早期教育环境中你将如何保护游戏的开展，并珍视游戏作为一种学习手段之价值"。你为你的幼儿群体所提供的课程是如何反映你的价值观、所受的专业训练，以及你的教育信念的呢？它是如何建立在儿童的想法之上的呢？它是以什么样的方式来提出儿童的发展阶段的呢？有没有可能它既让你坚持对幼儿园课程应该是什么的愿景，同时又符合社会和政府的要求呢？

许多年来，我以顾问、教练或实习主管的身份访问了一些陌生的教室，发现通过观察如下因素，就能搞清楚某个幼教中心的教师所持有的哲学观和价值观：

- **对儿童作品的重视程度**。这一点有时候可以从以下方面看出来：儿童作品被展示的方式，作品中的评语，以及作品是否放在儿童容易拿到的地方，以便儿童能随时拿来重新检查、在作品中添加东西或讨论作品。

- **儿童的参与度**。一个鼓励儿童真正参与到游戏和探究中去的教室不会是安静的，它会是嘈杂的，会被故意搞得很凌乱。这些声音包括：在忙碌时活跃的孩子们所发出的嗡嗡声、使用材料的过程中发出的声音、孩子们偶尔发出的欢呼和惊奇声（当然，也会有孩子们学着去协商时，因沮丧或生气而发出的声音），还有为儿童工作的成人所发出的低声说话声。

- **教师的作用**。一个以儿童为中心的教室里的教师是忙碌的，不是忙于料理"家务"（尽管有些"家务"是必需的，也希望幼儿参与其中），而是忙于帮助幼儿寻找活动中需要的道具，跟他们聊正在做的事情，安静地写观察记录或拍照片，通过与幼儿一起工作给他们提供鹰架，与幼儿一起解决问题。

- **工作本身**。参观者只需看看墙面和玩具架就能明白幼儿正在进行什么研究、孩子的艺术作品、可供孩子使用的材料，以及这些材料是否随手可得，所有信息都在讲述着一个故事，一个发生在这个空间中的故事。

当然，任何课程都有看不见的细微差别，家长或其他参观者需要详细与您交谈，才能充分理解您的课程。使用事先列出的清单，您可以开始检查自己的空间，并且决定您的价值观是否正在被可视化。您是否相信开放性材料在培养幼儿的创造性方面是有价值的？那么，您的玩具架应该能反映这一点，上面会塞满诸如箱子、绳子、胶带和可回收物等有趣的材料。您对儿童作品的尊重程度如何呢？要检查您在这方面的价值观，只需看看您是如何展示他们的作品的。儿童所说的话被采纳了吗？如果在你的课程中有孩子打算建构复杂一点的作品，并想让建构作品保留下来的话会发生什么呢？基于游戏的课程并不是没有规则或没有结构。准确地说，课程的结构尊重儿童的节奏和他们的兴趣，既培养儿童的秩序感，又培养他们的灵活性。

基于我对幼儿园教室的了解，通过观察以及在实践中与教师和实习教师的合作，我发现生成课程为我们提供了一个机会，去整合儿童和教师的想法，去满足儿童的发展需求，去把基于游戏的课程放在首位。当然，它是一种平衡关系，也具有挑战性。但是这种挑战对教师来说可以是一种积极的、令人耳目一新的刺激。

一幅生成课程的图像

生成课程不是线性的——它是有机的、不断生长和演化的。有时它甚至是循环的，我们要观察，讨论，查阅观察记录，提出问题，再次观察。

与生成课程不同，书本的内容在设计上只能是线性的。我们从头开始阅读，一直读到结尾，让我们以为事情就是以这种特定的顺序发展的。要连贯地将生成课程产生的过程写出来是困难的。读者可能会问"接下来呢"，答案几乎总是"看情况而定"。

既然迄今为止我们还没有想出可以让我们带有多个切入点以循环或螺旋方式阅读，一个图示也许能帮助我们想象出生成课程之不断演化的属性，以帮助教师认识到生成课程的一些可能的起点。另外，既然生成课程基于关系——儿童之间的关系、教师和儿童的关系、社区内的关系、教师之间的关系——我们就可以将先前的知识、倾向性和关系隐藏在生成课程各个流程中。于是，一个更加复杂的关系就浮现出来了。

汇总

观察游戏/倾听对话
来提醒我们思考,并且做出决定

小组会议包括对话与反思
从我们的所见所闻
中获得意义

做出决定
什么是大游戏观、重复的游戏主题、激发兴趣的想法、持久的兴趣?我们是否开始理解儿童游戏的意义和目的?我们是否需要提供一些挑战以发现更多的信息?

计划下一步
如何在一日活动中利用儿童的想法?
教师认为重要的事情包括哪些?这些事情可以被融入到一日活动的哪些环节呢?可以怎样丰富或改变环境以支持儿童的想法、理解和探究呢?

放手
对发生的事情进行观察。加入儿童的游戏,并与他们一起进行真实的对话。记笔记,反思:什么让你高兴?什么让你惊奇?什么让你困惑?你可以做什么样的回应?你想搞清楚什么?你怎样才能弄清楚?

通过对这幅图的各个部分进行考察，你可以看到，教师和孩子们的气质、关系和前知识领域会对生成课程有影响。同时，你也可以看到生成课程的产生过程——观察、反思、记录、改变环境——认识到这里也可能是教师们的切入点。

教师所疑和好奇心方面的气质，还有前知识、经验和直觉

儿童带着前知识和经验

教师之间的关系都是支持性的和主动的

教师与儿童、家长和社区的关系

与儿童合作

教师作为研究者，儿童作为主角

观察游戏/倾听对话
来提醒我们思考，并且做出决定

小组会议包括对话与反思
从我们的所见所闻中获得意义

做出决定
什么是大游戏观、重复的游戏主题、激发兴趣的想法、持久的兴趣？我们是否开始理解儿童游戏的意义和目的？我们是否需要提供一些挑战以发现更多的信息？

计划下一步
如何在一日活动中利用儿童的想法？教师认为重要的事情包括哪些？这些事情可以被融入到一日活动的哪些环节？可以怎样丰富或改变环境以支持儿童的想法、理解和调查呢？

放手
对发生的事情进行观察。加入儿童的游戏中，并与他们一起进行真实的对话。记笔记，反思：什么让你高兴？什么让你惊奇？什么让你困惑？你可以做什么样的回应？你想搞清楚什么？你怎样才能弄清楚？

气质

既然在早期儿童教育中,我们认为自己是以儿童为中心的,那么我们就进一步思考一下有关儿童的气质。儿童是一个研究者,一个自己世界的探索者。当他亲手操作真实的物体、冒险进入团体、与同伴合作、通过游戏表征自己的想法时,他建构了自己的知识。当然,不同的儿童有不同的气质。例如,一名儿童可能会独自去尝试自己的想法,在很长时间内安静地使用材料,直到有一天他最终陈述了自己的想法及发现。另一名儿童可能是一个很会社交的学习者,在游戏中会用他人的想法去建构游戏,或怂恿其他儿童逐渐按照他的想法去展开游戏。我们都遇到过一头扎进感知经验之中的儿童,同时也遇到过"用一个手指去触碰"以确定安全后再去感知的儿童。在设计课程时,儿童的所有这些气质差异必须被考虑进去。

> 气质既指个人的思维品质,也指以某种方式行动或回应的倾向。

教师的气质也对教室里的事情有着巨大的影响。生成课程需要教师具有对儿童及其游戏真正感到好奇的气质。一个有好奇心的教师想知道为什么孩子们会以特定的方式去做某件事情,她会对寻找一种有意义的回应真正感兴趣。

进行终身学习的倾向是另外一种重要的气质。愿意尝试各种方法,愿意紧跟专业内新的发展,愿意冒风险去检验哪一种教学方法效果最好,这样的教师更有可能开放地让事先规划的课程迁就于儿童的兴趣和问题。

反思性实践者的气质就是要保持开放的思想并检查自己的实践,要经常细细推敲为什么以某种方式行事,要经常质疑,要经常思考。

认可"不平衡的感觉即预示着成长"的老师，可能会受生成课程的形成过程激励而感到更愉快。

你的教学团队中的教师可能拥有一种或更多种以上所提及的气质。在创生课程的过程中，每位教师都贡献出力量，这就构成了一个美妙的合作之旅。你可能会在所有教学团队中发现多样性，多样性会导致一个更强大、更有活力的课程产生。

前知识

在生成课程的图像中，你会发现其中也提及了前知识。教师和儿童都拥有前知识，我们都带着关于世界的已有经验和知识走进教室。儿童通过其游戏想法来表达自己的知识和经验，而教师则通过所做的决定和所提供的鹰架来展现自己的专业知识和之前所受的专业训练。教师的专业知识还包括他对这些特定的儿童的认识：他们的发展、他们的兴趣、他们的家庭和他们的文化。他了解孩子们之前的游戏、问题、误解，以及探究。

例如，一名5岁的孩子最近画了一系列笔直的线条，并告诉我说："这是一只凤凰。"如果我不知道她正在家里学习中国文字，我会被弄得一头雾水。只有对这名儿童和她的家庭都有所了解，我才能与她的家庭相互配合，在学校里支持她的这种探索。

在儿童和教师的气质、前知识与教师对儿童兴趣的观察相匹配的地方，生成课程才会开始形成。

生成课程有许多起点。根据你之前所受的专业训练和经验，你可能想从练习观察的艺术开始，因而会去提高那些技巧。你也可以从对自己的实践进行反思开始，通过记教学日记，审视自己是如何做课程决策的。为了在实践中引起改变，考虑你自己的舒适度、你的团队中有不同才能的人，以及你开始生成课程之旅的方式之可行性，这对你是有帮助的。正如你将会看到，通往令人激动的课程之旅不会总是一帆风顺的，但它对儿童和教师而言却总是迷人的。

描述生成课程

探索并发现与自己的信念相匹配的课程取向的方法之一，是审视课程的重要属性，同时记住你进入这种课程的可能起点。让我们再次阅读一遍在前言部分出现过的关于生成课程的几条假设：

- 尽管生成课程是由教师搭建框架的，但却是由孩子们发起的，考虑到了这是儿童与教师之间的合作，就要允许每个人发出声音。
- 它是对孩子们的回应，因而允许教师将课程建立在孩子们现有的兴趣之上。
- 在课程实施中，教师充当的是促进者的角色，将其所见所闻记下来，给予孩子们发现更多、挖掘更深、建构更高级的知识的机会。
- 那种课程计划是弹性的，而非事先规划好的，是不断发展的。课程是动态的，既不是毫无变化的，也不是重复性的。
- 通过各种形式的纪录，儿童的学习和教师的思考变得可见。
- 它建立在本领域内所公认的理论家的理论基础上：杜威、皮亚杰、维果斯基的著作支撑着生成课程的实践。

当我们对每一点进行扩展时，思考一下，这些假设中哪一条你已经付诸实践，哪一条你愿意尝试，哪一条你觉得可以进一步发展。这里有没有一些方法让你感到不舒服？如果有，思考一下可能的原因。也许会有一条假设能激发你的好奇心，让你想知道自己是否可以从那开始。

从儿童开始

因为生成课程是由儿童发起的,所以观察发挥着巨大的作用。正是通过对游戏中儿童的观察,关注他们玩什么和怎么玩的细节,教师开始发现儿童的想法、意图、理解或误解。当你与其他专业的人员讨论游戏时,你试图去发现游戏中的意义、意图并进行探究。你也可以根据课程的方向为儿童与教师之间的合作做出规划。采用这种方法,教室里的每一个人都能发出声音——儿童的兴趣得到确认和尊重,同时教师也把专业知识和经验带入该情境中。

可以尝试的事情

当你观察孩子们在游戏中逐渐展现他们的想法时,你还可以试着去仔细倾听他们彼此间的对话,并把它记录下来以供进一步讨论。这样做为我们提供了重要线索,这些线索是关于儿童的理解或误解,以及他们把什么前知识带入游戏中等,从而可以帮助你决定如何去支持它们。

回应儿童的兴趣

生成课程是对儿童的回应,因而允许教师将课程建立在儿童当前的兴趣之上。任何一群幼儿都会有很多的兴趣。通过实践和对话,教师们变得善于辨别什么可能是短暂的兴趣,什么可能会转变成长期的努力。短暂的兴趣和长期的工作都是有价值的,有时你会发现自己同时追踪好几种兴趣。有些兴趣会半途而废,而有些兴趣则会持续很长时间,变成深入的研究。当我们能够成功地发现深度的兴趣,我们也就习得了一些有关教学的知识——随着时间推移,我们学会如何使课程决策更加容易，如何去识别儿童宏大的游戏设想，要是哪些想法一而再地出现，就提醒我们，对这群儿童而言，这些主题是重要的想法。

可以尝试的事情

当教师第一次尝试着对儿童的所有活动进行回应时，决定要对什么活动做出回应，可能是一个挑战。试着与你的团队成员进行协调，这样在游戏时间，你们每个人只需对教室里的某个区域加以特别关注就行了。例如，如果早上你在艺术区，你可以留意艺术区中哪一种材料被使用了，儿童是如何使用它们的，他们试图表征什么。这样，你与同伴讨论后再回到这个区域，就可以仅仅关注这个特定区域中儿童的探究，而不是对整个教室都加以关注。

促进儿童的深度探究

当教师充当促进者的角色时，她根据自己所看到的和听到的，给儿童提供发现更多、挖掘更深和建构更高级知识的机会。当儿童参与进一步的探究活动时，教师为其提供鹰架。也就是说，教师把自己的知识和经验带入教学情境，深入地思考儿童处在什么位置，以及她作为教师，可以如何去扩展儿童的兴趣、知识，促使他参与该主题，而不是仅仅告诉儿童下一步将探究什么。教师应根据儿童的兴趣去促进他的学习。

可以尝试的事情

教师想一想自己有什么经验、知识和兴趣。当你在观察儿童试图去理解一些新的事物或者开始研究一些能让他们着迷的东西时，请先把你自己的经验、知识和兴趣记在头脑中。你能否把自己的专业知识与孩子们的知识匹配起来，从而使孩子能更深入地参与到该主题中去呢？例如，如果你对烤面包感兴趣，那么你就可以与那些在戏剧游戏中反复玩烹饪的孩子去分享相关的话题。如果你在工具和木头的使用方面得心应手的话，就可以考虑用这些专门知识帮助孩子们去建构一些他们在游戏中需要用到的东西。

弹性地计划

生成课程是弹性的。计划在不断发展变化着，而非事先就定好。课程既非停滞的，也非重复的，它是动态的。课程的弹性很重要，因为教师必须要有"计划和放手"的能力（Jones & Nimmo, 1994, 12）。这就是说，有时候由教师提出的计划需要被放在一边，以便去做儿童真正感兴趣的事情。当孩子们能够做自己非常感兴趣的事情时，他们会学得最好。常规工作也需要有弹性，而非受时钟严格管制。如果儿童正在充分地展现一个精彩的想法，他们就需要有额外的时间去协商，去解决问题，并通过游戏把这个想法表达出来。如果因为实现复杂的游戏想法需要更多的时间而把圆圈时间向后推，那么就往后推吧！

可以尝试的事情

教师试着数一数，你所在的幼教机构上午一共有多少个转换环节。以孩子入园为第一个转换环节，每当他们被要求变换活动时就计一次。你会非常吃惊地发现我们打断孩子们游戏的次数之多。孩子们对此会有什么样的感觉呢？当你正在做一些重要的事情时，中途被别人打断了，你会有什么感觉呢？与你的团队一起好好审视一下转换环节与常规活动，并将转换环节减少到必不可少的程度。看看将会发生什么？

记录学习与思考

通过各种形式的记录，在生成课程中儿童和教师们的思考过程就能被可视化。运用图像形式，记录呈现了儿童探究和学习的过程，教师和儿童可以重温工作过程，并进行反思，发现意义和未来的工作方向。此外，许多教师发现记录是进入教学研究的一个途径。也就是说，记录帮助他们找到自己最亟待解决的问题之答案，比如关于儿童正在做什么、想什么、如何才能使儿童学得最好等问题。它也帮助教师懂得应该如何进行回应。

可以尝试的事情

下次，当你与你的团队成员碰头或跟另一位教育工作者交谈时，试着观察一张照片或两名正在游戏的儿童。如果关于这个游戏你有问题，就把它记下来，然后继续观察，看看能否从中找到答案。如果要让你阐述为什么这个游戏是重要的，你会说什么，又会怎么说呢？把其中一张照片镶嵌在卡片纸上，并在卡片纸上写上简短的文字叙述。把它分享给孩子的父母，并留意他们会做出什么样的反应。

将理论运用于教室实践

植根于生成课程的实践就是将诸如杜威、皮亚杰和维果斯基等理论家的理论成果付诸实现。他们的理论观点不再仅仅出现在儿童教育的教科书中，而是在我们的教室里重新获得生命——我们开始认识到"建构知识"和"鹰架"的真实意义。

例如，想象一名儿童，正努力让"火车"车厢保持连接，好让"火车"在他用积木搭建的轨道上跑动。你能看到，当"火车"一再散架时，他渐渐地变得沮丧。说到社会学习，维果斯基提出了儿童可以向更有经验的同伴学习的理论。把这一理论记在头脑中，你可以向那位正在努力的孩子建议，也许旁边那个大孩子能够帮助他。当儿童向彼此展示要做什么或帮助年龄小一点的儿童时，他们是在为经验更少的儿童提供鹰架。

提到皮亚杰的理论，你可能会运用他的凭借经验和亲自动手操作来建构知识这一观点，给孩子提供很多把事物结合在一起和使用试错法的机会，直到最佳方法在那个孩子的头脑中变得越来越清晰。

另外，提到杜威，你也许会选择把儿童带到社区，让他们在真实的生活中学习火车，向那些与火车有关的工作人员请教，然后用教室里的活动去表征那些真实的经验。上述任何一种回应都可能是适宜的，这取决于特定的儿童和特定的课程项目，所有这些回应都运用了学习理论。

可以尝试的事情

下次，当你观察一个孩子纠结于一种材料或活动时，你要仔细地观看并关注细节。为了找到解决问题的方法，该儿童使用了什么策略？当你考虑如何去支持该儿童时，想一想你所熟悉的理论家，关于如何才能让儿童学得最好，他们曾提过什么建议。如果皮亚杰在你的教室里，他可能会建议你提供什么样的材料让儿童自己去发现解决问题的方法？杜威会建议你提供什么样的真实情境来支持儿童的学习呢？维果斯基会建议你应该做什么来扮演好你作为一个能够拓展儿童知识的更具经验的伙伴的角色呢？

识别游戏的类型

在接受专业培训阶段，大部分的教师都深入地学习过游戏。能否将我们所学的理论与我们所观察到的儿童每天在做的事情联系起来呢？理解游戏及教师在游戏中的作用，可以帮助你去理解在游戏中可能发生的事情，以及你可能对这些事情做出怎样的回应。你能识别出你所看到的不同种类的游戏吗？在混龄班里，你可能观察到游戏的几个阶段。

- **探索**。运用感官、身体动作和最初的语言去探索物理世界，从而对世界有直接的认识。
- **社会戏剧游戏**。通过戏剧性、社会戏剧性和建构性游戏去建构知识；为了理解他人而自发地对他人的经验进行再创造。
- **研究**。通过分类、用材料进行想象、结构化的戏剧表演，以及发展中的读写能力，来体验和表征世界（Jones and Reynolds, 1992, 3—5）。

只需在学前班教室里待一个上午，你就有可能观察到游戏的所有这些阶段。3岁的孩子正在把沙和水混合起来做实验，接着又试着用漏斗来灌注这个黏稠的混合物，这是在直接地试验什么可行和什么不可行。他的感官参与进来了，他正在以试错法参与探索性游戏。教师可以提供一些其他的感官材料让他玩，还包括提供语言上的支持，给儿童提供一些与漏斗不一样的工具，例如，漏勺、管道或者海绵。

同时，在戏剧游戏区，一个4岁的女孩正在接受比萨饼点餐。她用自己发明的手写体进行书写，在夹有纸的写字板上写下另一名孩子所点的菜，在托盘上装满了碟子，在靠近餐桌时用一只手平衡着托盘。通过在社会戏剧游戏中再现她最近一次在餐馆的就餐经历，她理解了这一经验。许多小道具可以添加到这个经验中去（例如，比萨工具，或者比萨店里的菜单），但是也可通过去餐馆进行实地考察，对里面的工作人员进行观察，来深化和扩展儿童对真实世界的知识。

在教室的另一个区域，一个5岁的幼儿正在进行关于被子的研究。在教师的支持下，他注意到一些被子上的方格子是边对边缝制的，而另外一些被子是贴花缝制的。他也能在一条被子的格子中挑出相似的式样，并开始把这些相似的布放成一堆。他在进行研究，运用分类和非常具体的语言来帮助理解他所看到的东西。如果幼儿的这一兴趣持续下去，教师就可以提供纺织品做的正方形，以便幼儿在安静区或在戏剧游戏角游戏时进行分类。如果幼儿对被子特别感兴趣，就可以邀请缝被子的人来教室，与孩子们一起分享他的专业知识。

教师在教室里能从游戏中看到什么，这取决于许多因素：你所带的孩子的年龄、可供孩子们使用的开放性材料品种的多样性、可供孩子们做游戏的时间长短、他们的社会技能水平、他们解决问题的能力、他们的创造性。然而，你如何回应他们的游戏，与教师自己的气质有很大的关系。

生成课程的开发过程，也会让你重新审视自己对"为什么要在教室里做这些事情"，以及"如何才能以合作的方式与成人和孩子一起工作"等问题的信念。这个过程毫无疑问地也会让你改变，当然改变会让人不舒服。它需要你对自身及自身实践进行审视，其结果让人觉得像是扎进未知的水域。但是接下来的旅程可能是令人兴奋的，它将让你恢复精力，尽自己所能地为幼儿工作。让我们一步一步地跳出固有的思维模式，审视一位教育工作者的旅程，在通往更具有生成性的实践中，这个过程是复杂的。

> **教师的声音：生成课程和以儿童为中心的实践**
>
> 在成为新罕布什尔州康科德的儿童与家庭发展中心的教师之前，邦妮在另一个幼儿园已经工作了好几年，那个幼儿园为幼儿提供的是主题取向的课程。她从未学过生成课程的理论，也未在实践中使用过生成课程。刚到儿童与家庭发展中心时，她所带的班级是托班，现在她带学前班幼儿。邦妮讲述了她是如何与学步儿一起开始生成课程之旅的，以及这是一种什么感觉。首先，她描述了自己在基于主题教学的教室中工作的情况。
>
> > 我们预先把主题计划好，也就是说，这些主题是由教师计划的。但我们从未讨论过儿童对我们正在做的事情有什么感受，或他们对教室里所发生的事情有什么反应。我们甚至没有问过自己：儿童是否喜爱他们在做的事情。课程不是教师和儿童共同创造的，它根本不是一种合作。我们把所有的时间都花在尽力做其他所有人认为我们应该做的事情上：给家长写信和编制日程表，因为这是他们自己小时候所经历过的；或者花在努力取悦管理者上，我们的管理者希望每一件事情都要提前几周计划好，等等。
>
> 我们注意到邦妮关注到了自己不舒服的感受。她指出了让她感觉不对的地方及原因。这种自我意识是反思过程的一部分。教师可以经常停下来审视一下自己的实践，以及它们从哪里来，注意它们是否符合自己的价值观，是否需要被调整或进行大规模的改变。邦妮认为自己需要做出重大改变，使自己的教学实践符合自己对"儿童是如何学习的"以及"教师应该和能够如何尊重儿童的声音"的信念。
>
> 这个重大的决定让邦妮感觉很好。然而，就像其他许多对自己的实

践做出改变的教师一样，在新的工作场所经历了一段过渡期后，邦妮体验到了不平衡感。

> 我在儿童与家庭发展中心所带的第一个班级是托班。那时候我正在纠结，对生成课程还不太理解。在计划会议中，与团队相互合作地开展工作的确对我很有帮助。通过审视观察记录和他们对观察记录的讨论，我开始了解他们是如何构思一个计划的。我们讨论观察记录，直到我们作为一个团队，在试图发现孩子们真正的兴趣时，感觉自己理解了我们所看到的。我们对自己不是很有把握，因为学步儿对于探索其周围的一切事物都感兴趣！然后，有一天，中心主任也参与到我们的讨论中来，我们试着对正在发生的事情进行解释。我发现，当我试着向大家清楚地表达自己的纠结时，答案开始出现了。讨论中提及的一些东西帮助我去思考。

邦妮所描述的是伴随改变而来的不平衡感。然而，需要注意的是，她给自己留了一些时间。她能够花时间与同事们和管理者一起进行反思，能够通过与他人对话而进行学习。她还能够参加一个有关观察记录的工作坊，去学习一些新技能。下面是邦妮当时对"正在发生什么"的描述。你可以边阅读她所说的话，边思考一下我们有可能对学步儿正在做的事情进行回应的各种角度，并思考一下其中所提到的那两件同时发生的令人困惑的事情。

> 刚才发生了一件有趣的事情。当我试着与孩子们一起唱那首另一位老师之前唱过的歌曲时，他们告诉我说"不！那是琳赛小姐的歌"，而且显得很不安。当我请他们挑选一首歌的时候，同样的事情发生了。如果另一名儿童选了一首歌，他们会

说"我的歌!",并且到了几乎要为此动手互殴的地步。另外,他们正处在一般学步儿典型的发展阶段:既想要独立,同时在许多方面还需要别人的照顾。有时他们希望每件事情都自己做,有时他们又希望每一件事情都是我们帮他们做好。

你对这个故事的第一反应可能会想到学步儿对所有权和独立的概念,这么想是有根据的。然而,邦妮所在的团队决定退一步,问自己一些问题:"什么是他们现阶段的发展任务?这个轶事记录向我们展现了什么?他们现在渴望什么?我们能做什么来回应呢?"

我们开始思考学步儿的发展性工作。在我们看来,有4件事情需要考虑:寻找独立性(包括一天中儿童愿意自己去做的日常事务);建立伙伴关系;合作和共同体(这就是说,在一个集体中学会与他人相处);所有权问题——一直是学步儿面对的主题!如果我们把这些作为学步儿的课程内容,那么我们教室里的环境、常规,以及我们正在进行的活动种类将要发生怎样的改变呢?通过几次头脑风暴,我们想出了一些办法,例如,利用实际生活中的活动(借鉴蒙台梭利的),在画架旁并肩画画,以及一整天与教师一起合作开展日常活动。同时,我开始在圆圈时间使用画有图画的卡片(用来表示歌曲)来给孩子们提供选择。我们把卡片装在一个特别装饰过的盒子里。孩子们对这种做选择的反应确实很好,也许是因为这带给他们一种控制感。

此后,教师们能够建构一个可供学步儿做选择的方法网络,并考虑到了孩子们独立性程度的变化。

你能看到邦妮成长了多少吗?与团队一起,邦妮不仅对学步儿想要

发展性任务

学习如何与人相处
- 观察和倾听朋友
- 让每个人发出声音，知道你所说的会被别人倾听

寻求独立性
- 注意我们自己的需要
- 做决定／选择
- 参加实际生活中的活动

取得所有权
- 为歌曲、故事和活动选择方向——课程的共同所有权
- 运用姓名卡作为进行轮流／做选择的一种方法

形成伙伴关系
- 在教师帮助下
- 相互地（在画架旁，在游戏中，帮助……）

做什么进行了反思，还对原因进行了反思。团队成员问了自己一个与理论联系起来的问题——儿童现在的发展任务是什么？从这个问题，以及对这个问题的解答中，课程的想法产生了。

接着，正当邦妮开始感到稍微适应一点的时候，一名教师离职了，邦妮被调到学前班工作。

> 我感觉自己就像是一只离开水的鸭子。周围有那么多零散物品！我知道对于生成课程而言，这些用具是必不可少的，但我必须在教室中找到我可以走的路，解决常规，密切地观察记录，并且在我觉得自己对团队有所贡献之前，要对孩子们有所了解。

邦妮觉得自己又退回到不平衡的状态中去了。她感到不自在，有点迷失在忙碌的环境中，环境里充斥着给孩子玩的有趣的、开放性的材料。但是，她依然保持好心情和观望的态度，花时间去观察孩子，并与他们建立关系。

对于邦妮来说，她的贡献最初是在美工区——一个位于教室尽头吸引人的、令人兴奋的区域。那里全是让孩子们着迷的材料，从漂亮的废

旧杂物到黏土，以及各种各样的美术材料。邦妮对艺术得心应手，但她还没有意识到孩子们能够做什么。她对孩子们进行观察，在他们需要时提供支持，并带入一些她自己的想法。就是在这一次，让她体验到了与生成课程有联系的"哇"时刻。

午睡时间亚历山德拉从不睡觉。于是，有一天，我为她准备了一组好看的自然材料和一些黏土。之前通过文学作品，孩子们已经对仙女们的家产生了兴趣。我注意到外面有一些形状有趣的花瓣，便把它们带入教室，为的是向孩子们发出一个邀请。我

> 在这个情境中，邀请是指一套材料或一个活动，是为幼儿展现出来的兴趣而创设的。材料也许会被使用，也许不会，这取决于兴趣的高低。创设这样一个邀请可以让教师们试水，看看这个想法是否值得进一步追随。

这么做不是因为对他们可能会如何使用花瓣有什么想法，只是为了看看加入这些材料后会发生什么。

我和亚历山德拉一起，花了很长的时间去探索这些自然材料。我问她："你认为我们可以用什么方法把这些材料连接在一起？"她决定使用黏土把它们固定起来。很快，随着她把由花瓣、小树枝和豆荚做成的眼睛、头发和四肢添加上去，一个仙女渐渐地诞生了。其他孩子午睡醒了，不久之后他们全都在做小仙女，然后做仙女的一家人。最终，一个长期项目出现了。

通过观察，邦妮把自己的想法带入孩子们已有的对仙女的兴趣之中，贡献了一些她认为有可能吸引孩子们的东西。她与孩子们合作，并通过提问，为亚历山德拉的思考过程提供鹰架。在这个案例中，教师用的不是有正确答案的封闭式问题，而是能激发思考的问题——"你认为

我们可以用什么办法……"

就像任何有深度的项目活动一样,教学团队每天对于正在发生的事情做了大量的讨论,这也让邦妮感到新鲜。

有时候,我们的讨论……哇!他们是如此深入。这是一种完全不同的工作,相比于我曾经做过的工作,这是非常烧脑的。有时候,我开玩笑地对团队中的成员说,我的大脑燃烧起来了!我现在绝对比以前思考得多,这种感觉真的非常好。让我感到骄傲的是:我们开展研究的方式,我们站在后面仔细地观看孩子们正在做什么,我们真正地对他们所做的事情进行思考。例如,我们可以怎样对这些事物进行改变?如果有些问题没有解决,我们不能将之归因于儿童。这是我们应该去考虑的。我们可以做什么改变或做什么不同的尝试呢?这与我以前的做法如此不同,不论从理论还是从实践意义上来说,对儿童和成人而言这更有效果。回过头想想,我明白了这正是我一直想要去做的,只是我不知道!

重要的是,既然我处在一个崇尚生成课程和采用以儿童为中心的教育方法的环境中,我深信我工作的这所学校里的孩子们对学习更为投入。他们真正对自己正在做的事情感兴趣。他们把所做的事情写下来,用多种媒介来表征自己的学习。他们正在学习一切事情,因为他们的兴趣是如此多样,然后我们追踪让他们感兴趣的事物。我们很少有行为问题,因为孩子们都忙于做有意义的工作——对他们而言有意义的并得到了我们支持的工作。

正如邦妮前面所说的,她现在对工作有点入门了,我们很容易觉察到她的热情。她的气质——对变化保持开放性，愿意尝试新的事物，信奉学习，倾向于参与以儿童为中心的实践——以及她的好奇心，引导她对原先的教学实践进行反思。这也帮助她理解了，她需要运用一种不同的方法，让自己去追随对"如何通过课程能让儿童的声音不仅可听，而且可见"的好奇心。

我们从邦妮的经验中能够学到什么呢？她最初在一个不太适合她的环境里工作。作为一名教师，她的自然倾向是允许儿童用各种各样的材料去探索和创造，并与孩子们合作。当机会来临时，她找到了一种更适合自己的哲学。我们从她的故事中了解到，变化自然会让人感到紧张或不舒服，但那种变化可能非常值得我们为之努力。显然，邦妮已经成长了，感到更自信了，对工作又重新产生了热情，这可能是因为她感到自己能够创生课程，从而对孩子们做出回应。邦妮觉得自己已经找到了符合自己关于"儿童如何学习"之哲学的教育方法。现在，她把自己形容为一个深入思考的人、一个研究者和一个对团队有贡献的人。她已经学会与自己的团队一起观察，学会用那些观察记录来为下一步活动做计划。为了深入地思考和寻找意义，我们需要与其他教师一起合作和参与对话（Rinaldi, 2006）。当我们与别人一起思考时，更容易做到"深入思考"！有时，如果我们仔细地观察和倾听，那么孩子们会引导我们决定接下去做什么。

> **儿童的声音：绘制地图项目**

在本章前面的部分，你阅读了有关观察、促进和合作在生成课程创生中的重要性。下面这个项目展现了上述所有方面，包括教师对儿童理解力感到好奇和进行鹰架的倾向。在幼儿园的教室里，在一个忙碌的早上，教师关注、记录并追随一个小小的开始。

> 幼儿园教室里，在一个很长的游戏活动期间，山姆、诺尔曼和约翰每人手上都拿着一张卷起来的纸走到凯伦小姐面前。山姆说："凯伦小姐，我有一张地图。"他打开地图露出一个"×"，并告诉她说："这就是藏宝的地方。"凯伦小姐开始观察他们的行为：孩子们走到旁边的一个小的橱柜，打开一个抽屉，把他们的地图放进去，又把抽屉合上。接着，他们再次打开抽屉，把眼睛张得大大地说："我们发现了宝藏！"
>
> 之后，凯伦和幼儿园教学团队的其他成员很想知道"关于地图，孩子们知道什么？为什么寻宝是幼儿阶段反复出现的游戏主题？"当他们向孩子们问了更多关于地图的问题（地图是干什么用的？谁使用地图？为什么？）时，孩子们告诉他们："地图是用来寻找东西的。"这样，关于给孩子们提供什么，教师们就有了一个跟随的方向。孩子们能绘制用于在教室里寻找东西的地图吗？能发现和表征通往学校门厅的道路吗？能绘制操场的地图吗？在教师这里，这些都是真实的问题，他们不知道答案。于是，教师向孩子们发出了绘制地图的活动邀请，用这种

> 形式进行尝试。孩子们的回应会告诉他们下一步该做什么。
>
> 　　从学校中熟悉的区域开始,从与个别孩子或小组一起工作开始,让孩子们和教师们一起绘制地图。活动开始时只有房间的一个区域里的少数几个孩子参加,很快就吸引了大多数儿童以不同的方式参加进来。在对他们所生活的地方进行讨论后,有些年龄大一点的孩子能够通过画房子或公寓来表征街道。另外一些孩子,在实习教师的帮助下,能够绘制他们在院子里的自行车道上散步时所看到的东西——沙箱、石头、花。有教师问:"我们怎样才能找到通往艾米小姐那里的路呢?"其他孩子画出了通往门厅前台"艾米小姐工作的地方"的道路。在画通往三只小熊的家的地图时,熟悉这个故事给他们的思考提供了支持。最后,在与教师们一起阅读了莎拉·方纳利的《我的地图书》之后,孩子们意识到几乎任何事物都能被绘制成地图,于是就开始继续绘制他们手、脚和脸的地图。

　　这个项目就这样不起眼地生成了,并不需要重大的事件,不需要长期的正式观察或等待为了创生课程的发展的"里程碑"出现。它只需要一名会细心观察的教师,关注到一些微不足道的时刻,与同伴反思接下来要做什么来回应,愿意去发现有创造性的方法来维持幼儿的兴趣。生成课程并非一定要从很复杂的事情开始,但它可以把儿童带入有趣而复杂的游戏和学习中去。

他们在学习什么？

在地图项目中，儿童通过游戏学到了如下内容：

- **空间关系**。房屋的前面、后面、旁边是什么？儿童在用图像进行表征之前，必须能在脑海里表征出来。

- **数学**。儿童必须要考虑距离，思考相比于"附近"，该如何表征"离得很远"。在这里，教师有了把多种形式的测量方式渗透进去的机会。

- **表征**。儿童是如何表征熟悉的道路和路线的呢？他们偏爱用图画、建构或雕塑的手段（例如，黏土）来表征他们所了解的事物呢？即便经常在教室里使用黏土，这些孩子还是偏爱画地图。最终，他们能够以象征的形式来表征真实世界。

- **读写萌发**。儿童能否在熟悉的故事与他们自己的生活之间建立概念联系？这一小组的儿童理解了用地图来寻找东西这一概念。因而，在他们很熟悉的《三只熊》的故事中，他们能够很容易地画出通往房子的道路。他们还利用非小说类资源（《我的地图书》）中的信息来扩展关于地图的知识，并尝试了一些新的方法。

- **社会学习**。这个项目始于小组游戏。孩子们自始至终与他人一起工作，但他们也有独立工作的机会（例如，根据他们自己所注意到的操场的样子来绘制地图）。通过记录展板，孩子们能够研究他人的作品。

- **语言发展**。在任何项目展开过程中，新的词汇和口语表达很自然地被引入活动。在本案例中，新的词汇通常与空间及儿童地图中绘制的事物（小径、被包围、狭窄、宽、附近、远，当然还有标志地点的×）的概念有关。

回顾一下，我们能够把这个项目与我们本章中讨论过的关于生成课程的各个方面联系起来。在游戏中，一个来自儿童的简单想法得到关注（观察），教师对所发生的事情做了一个简短的轶事笔记（记录），然后在团队中讨论和反思这个事件（反思和对话），允许孩子们在一个没有规定期限的时间段里探索地图，并得到教师的支持，教师们持续地进行观察并在需要时提供支持（灵活地回应儿童的想法）。在整个活动中，教师在观察、做笔记、讨论、收集手工作品，以及拍照（记录）。

这与在本章前面部分邦妮所描述的规定了主题的课程取向非常不同。我们知道幼儿之所以对这个主题很感兴趣，是因为它来自孩子们的游戏想法。教师和孩子们相互合作，即使孩子们偏离原先主题而进入想要探索的主题（例如，绘制手和脚的地图），也会得到尊重和支持。然而，在整个游戏过程中，孩子的学习总是能通过教师的观察和记录被展现并可视化。

显然，要通过回应儿童的想法而发展课程，教师必须注意游戏中发生的一些小事件。当我们留意儿童的游戏想法，并把它们写下来时，我们就会有许多课程发展的方向可供选择。

这种观察是如何发生的，我们如何知道要去观察什么？哪些观察到的东西会被我们利用，哪些可能会被我们忽略，以及有可能忽略了什么？在下一章，我们会明白，有一个反映了我们的价值观和哲学的立场会影响着我们做决定，有一个保护儿童的声音，并且把儿童的想法与教师的想法结合起来的地方。

第2章 通过观察去捕捉孩子们的想法

当我们开始考虑如何拼合起生成课程的大画卷时，也需要考虑班级的真实情况。从实际操作的角度来讲，每一天中，生成课程是如何展开的？当我问及教师会从何处入手去思考生成课程，以及这些想法来自哪里时，他们与我分享了将观察作为课程来源的如下观点。

> 我们观察了游戏，孩子的社会性互动、误解，然后教师们一起想出一个有创意的回应。
>
> 我们运用一个由观察、对话、头脑风暴、反思和随后的解释构成的循环。
>
> 我们提供一个丰富的环境，然后观察和倾听。

（Stacey, 2005）

很多幼儿教师都是敏锐的观察者，她们被儿童所吸引，并受过观察方法的培训，知道如何出于各种观察目的而进行细致观察。然而，以发展课程为目的而进行的观察，则要求我们从一个特定的视角看问题。如果我们希望课程是以儿童为中心、发展适宜性和回应性的，那么我们就应该试着从儿童的视角，站在好奇的立场看问题。

在下面这个例子中你会对什么好奇呢？从儿童的视角来看，你认为接下去会发生什么呢？我们是否能理解，或者是否还需要更多的信息呢？

我自己开办幼儿园时，我们常常带孩子们到幼儿园旁边的迪芬贝克公园的游乐场去玩，在那里散步，喂鸭子。夏天，当小溪沟上方的瀑布水量充沛时，就会形成一条溪流，小溪沟上架了一座桥。而在冬日里，小溪沟里没有水，孩子们从小路那边一看到桥，就朝它飞奔过去。除了一个孩子外，所有的孩子都把头伸出桥的围栏往下看。他们在大声地说着什么事情。我和那个有点退缩的孩子一起走近小桥，我一边走一边倾听他的想法。

我大声说出了自己的好奇，问他是否有点害怕。他回答说是的。"桥下面是不是有个巨人？"他问道。我说我觉得应该没有，并让他抓着我的手过桥。他抓着我的手，我们开始向前走。当我们走到桥中间时，其他孩子请我们到围栏边去看看刚才他们争论的那只黑色男袜。我问他们"那只短袜从哪里来？"其中一个孩子说是班上的助理教师约翰最近刚丢的，在一次散步时把它忘在这里了。那个退缩的男孩说，也许是巨人把袜子掉在这里的。

回到学校后，我给孩子们读了《三只坏脾气的小山羊》，孩子们决定进行扮演活动。不用说，他们对把巨人推下水，让他逃跑，还掉了一只袜子这些情节很有兴趣。每次去散步时，我们都会去找那只袜子，我们还继续表演和画关于那只袜子是如何跑到小桥下去的故事。在一个春日里，又有瀑布了，我们惊奇地发现那只袜子已经不在水里了。尽管我们很想知道它可能去哪里了，不知为什么，这个问题不如它是怎么跑到这里来的更让人着迷。我从未想过，我会真的去记挂一只袜子。

（特蕾莎·科斯格罗夫，大学教师，俄勒冈州威廉港）

特蕾莎的故事告诉我们，她和孩子们都对一些有趣的想法感到好奇。特蕾莎对一个孩子的害怕感到好奇，而那个孩子对巨人感到好奇。全班孩子因袜子的出现而感到困惑，这就变成了他们持续思考的一个主题，并将其与之前听过的传统故事结合起来。在这个微课程的生成过程中，孩子们的观点得到尊重。在反思孩子们的理论时，成人可以思考很多东西。

从这个例子中，我们看到生成课程的机会可以来自于意料之外。我们必须要有准备，对这样的机会要有敏感性和开放性。在这里，教师所做的决定在起作用。因此，在本章中我们将探究如何根据几天或几周里出现的许多可能性来做出决定。

本章要探究的是：观察的几种类型；当我们出于课程的目的而进行观察时，什么才是我们真正要寻找的东西；对于我们正在关注的对象，可以有许多可以记录的方法。我们也将表达"组织"这一非常重要的概念，因为要用到我们所记的这么多笔记，我们必须要有办法找到它们！

太多的选择：搜寻什么

即便是幼儿园教室中进行的一个很短的游戏活动片断，我们也能从中看到大量的行为、许多游戏和互动的类型，以及持续的探究。让我们观看一个行为样本，这是典型的历时5分钟的晨间游戏活动。

> 南希、莉和海伦，都是4岁。他们将几块长的空心积木搬到教室中央，并把它们排成一个围合的广场。南希躺在铺有白色毛绒地毯的广场地板上。另外两个幼儿将长长的雪纺围巾搭在积木和南希身上，做成透明的覆盖物。
>
> 与此同时，5岁的艾伦在书写夹板上写了一份名单，名单上列着教室里所有孩子的名字（此时有11个孩子）。他走到每个孩子面前问"你在这里吗？"然后在其名字旁做了一个记号，接着去问下一个人。
>
> 在美工区，3岁的艾莉森一个人在画架前工作。她慢慢地把画笔浸到绿颜料中，然后把它按在画纸的顶部，观察颜料流淌到底部。这个动作她重复了9次后才转向画架的另一边，又用红颜色重复刚才的动作。

他们正在学习什么呢？

- **积木游戏**。女孩们能够用积木结合其他材料，搭建一个足以容纳她们3个人的围合空间。
- **空间关系**。女孩们知道围绕和穿过、里面和外面、上方和下方，以及尺寸大小的概念。

- **读写能力**。艾伦向我们展示的是他身上萌发出来的对文字的理解：书写的文字可以以功能性的方式被使用——在这个案例中，用于点名。他不仅在学习如何拼写自己的名字，还在学习如何拼写同学们的名字。

- **科学**。艾莉森正在学习颜料会发生什么变化。只要给予她时间和接触各种材料的机会，她将明白液体颜料画在垂直的纸上、平坦的表面和三维的物体上会有什么样的情况发生。她也逐渐发现，她能够预测和控制纸上的某种类型的记号，并能随意重复它——这对发展意向性很重要。

> **尼科尔森的松散件理论**
> "在任何环境中，发明力与创造力的大小和发现的可能性都与环境中的可变元素之数量和种类成正比。"
> （Nicholson, 1971, 30）

这个样本没有描述教室里的所有孩子的行为，观察时长也只有5分钟。我们知道，像这样的场景在一天中是非常多的：持续时间很长的戏剧游戏、用新掌握的技能做试验、对材料的探索。那么我们该如何决定记什么和对什么做出回应呢？当你对呈现在周围的事情进行观察时，你要进行客观而描述性地记录，同时要试着把如下建议记在头脑中。

儿童正在玩什么？他们看上去有没有重复性想法，使他们一直在重复同样的事情呢？这只是对教室里的每个区域进行观察中的一种可能性。你要试着透过表面的行为去发现他们的意图。是的，他们可能是在玩医院或娃娃家游戏，但是这些场景到底说明了什么呢？通过这个游戏，他们是不是在探究照料？权力？生与死？等级制度？如果你定期地对这些重复性的游戏想法进行观察和思考，你就有可能发现潜在的动因。这些动因可能不会马上出现，但是在与同事的讨论中，可能会变得更清晰。

仔细倾听并记下儿童的对话——要逐字逐句！不要试图去翻译或编辑孩子们说的话，也不要去纠正他们的语法错误。你需要对儿童的想法进行讨论和思考，唯有拥有准确的信息，你才能做好这一点。孩子们之间的对话，是了解他们思想的一种途径。

留意孩子们是如何使用材料的。他们是不是坚持用一种方法使用材料？他们有没有在试验？他们有没有以一种意想不到的方式对材料进行组合？

留意游戏中的变化——游戏玩伴、游戏材料、游戏的复杂性水平、游戏的时间长度等方面的变化。这些变化是否在告诉你关于儿童的一些信息呢？是否在告诉你关于她的发展情况和她的想法呢？

询问自己，你所看到的情形对这个孩子而言是新出现的还是原来有过的。如果你已经看到这样的游戏一遍又一遍地发生，你可能不必将其记下来。而是要等待和观察，看看接下去会发生什么。同时，你要思考能促使该儿童做进一步探究的任何适宜的鹰架方法。

相信你自己对"该记录什么"的判断。你非常了解这些孩子，所以你知道对他们而言什么是重要的。当然，你要记住你进行观察的目的是发展课程。你不一定要等到发展的"里程碑"出现时才进行记录。任何事情都可被视为儿童发展的一种可能性。如果你所写的轶事记录很简短，在一个小时的游戏期间你能写下很多轶事记录，那么，你将会有丰富的信息可以用于讨论，在讨论时就能确定每个特定的观察记录对课程计划是否有帮助。

让我们再回过头去看南希和她的朋友，她们用从教室里找到的材料构建了一个围合结构。我们需要问一些问题，这样才能有足够的了解来对这个游戏做出回应。这些儿童每天都玩这个场景的扮演游戏吗？还是每周都扮演？在游戏中，她们就自己所做的事说了什么？这些对话是否有助于我们深入地了解他们的思维？这里是否有一位有游戏想法的领头人呢？

在这个案例中，通过观察游戏场景的进一步展开，教师可能还会继续写简短的轶事记录。她需要仔细地去聆听女孩们的对话。如果有可能，在不妨碍她们游戏的情况下，可以问她们一些开放性的问题，这将有助于引导教师去认识儿童的思维及其潜在的意图。这样，也许当教师的手头积累了一打简短的轶事记录时，她就可以大胆地和同事进行对话，考虑是否对孩子们的行为做出回应。不是每一个游戏场景都需要做出即时的回应，我们可以花一些时间去反思！

观察的类型

观察的方法有很多种，选择什么方法取决于当时的情形、可利用的时间、是一人工作还是一个小组一起工作，以及你观察的是什么。下面的方法在以发展课程为目的的观察中是有效的。

- 轶事记录法
- 叙述法
- 拍数码照片
- 录像
- 录音

轶事记录法

轶事记录法是一种既快又容易的记录方法，就是用简要的语言片段来记录个别儿童或一组儿童有趣的、发人深思的事件。这种方法用一两句描述性的、简洁的话抓住所发生事件的精华部分："杰西卡把纸剪成小的长方形，并在每张纸片上写一个数字。她把这些写有数字的纸片分发给几个孩子，告诉他们这是'电影放映的时间'。"

这两句话告诉我们很多关于杰西卡的信息：她能有效地使用剪刀，她对数字的意义和如何书写数字略知一二，她有一些看电影的前知识。她的头脑中还有一个游戏的想法，这可能是值得深究的。教师可以和她谈谈她的相关经验，也可以密切关注进一步的信息。记录这个轶事可能只需30秒，但是在把它记下来的过程中，教师要把这个大概的情节记在脑子里，使她以后有机会去重温或与同事分享。猜想一下，一个教师每天可以完成多少个轶事记录呢？随着教室里教师人数的增加，轶事记录的数量会成倍地增加，你会看到丰富的信息很快就能被收集到了。

叙述法

如果把轶事记录法比作在拍快照，那么叙述法可以被比作拍录像——它把所有的事情都记录下来。叙述法要教师花几分钟时间去书写，并且把正在发生的事情的所有细节都记录下来：对儿童游戏的描述要如同它展开的过程一样，要把他们的对话逐字逐句地记录下来。叙述法要求观察者能够袖手旁观、专注地观察10分钟或更长时间，这样就能捕捉到所有的细节。

在什么情况下需要你运用叙述法进行观察记录呢？如果你正在考察一个对孩子们特别有吸引力的游戏想法，或者说这个游戏想法是你已经看到的模式的一部分时，你就可以使用这个方法去观察。你也许对某些事情产生了困惑，需要获得更多的信息。10分钟的书写记录可以提供数量惊人的细节供你思考。要进行这样的观察离不开整个团队的合作。如果一个教师坐在一旁记录10分钟，那么其他教师就必须花更多精力工作，在教室里来回走动，参与孩子们的游戏。但是如果你的确需要如此详细的信息，进行这样的团队合作也是非常值得的。

拍数码照片

数码照相做记录是即时的，因而当你有时间压力时（没有足够的时间兼顾观察记录和与孩子们互动。—译者注）这种方法是有用的。然而，我们必须在拍摄后马上对照片进行讨论，否则那一刻所发生事情的精华部分可能会丢失。在仓促的情形下，照片可以帮助你在没有时间书写的时候抓住所发生的事情。在使用数码相机的时候，请你把这些建议记在头脑中。

- 一直把照相机抓在手上。精彩的瞬间稍纵即逝，你要很快将它们抓住。
- 千万不要让孩子摆姿势！照片应该是自然的和抓怕的，既要抓住事件也要抓住过程。
- 记住，那些不习惯有人在教室里拍照的儿童，可能会无意识地转过来对着照相机微笑或大声要求给他们拍照。如果发生这种情况，有用的做法是向他解释你为什么在拍照："我在拍一张你是怎么搭积木的照片。"或者说："我在拍你的作品，这样我们就能把它记住。"一旦这样的拍摄进行几周后，孩子们就会倾向于忽视照相机了。
- 利用下班之前或午餐时间编辑一下数码相机的存储卡，这样下次你要抓拍非常重要的镜头时，储存卡里永远有存储空间。
- 如果你需要看打印稿来感受一下需要保存的照片，你可以打印照片小样——既节省了费用，又有助于你在做选择的时候可以看到"全景"。
- 靠近一点！为了了解孩子们是怎样做的，我们常常需要看他们工作时的"手"。这要求我们拍摄这些手的特写镜头，例如，正小心翼翼地把小树枝做的手臂贴到黏土做的身体上去的"手"，或用力地压涂有胶水的硬纸片使之粘在一起的"手"。当你用变焦镜头拍摄时，这一切就更容易了，也显得不那么唐突。

- 展现面部表情。我们要呈现儿童在游戏中是多么努力地在工作，其中一个方法就是展现他们沉思的表情：皱眉头，盯着远处看，专心倾听时表现出来的眉飞色舞的表情，参与新的、令人不解的事情时专注的神情。

录像

录像通常能记录那一刻教师可能还没有注意到的背景信息。当教师沉浸在与一组孩子的共同活动中时，可能不会注意到在相对远一点的角落里发生的事情。但是整个教室的活动录像，可以提供精彩的背景信息。它可以呈现谁正在干什么；哪些区域在被使用；当孩子们四处走动并做出选择时，每个小组中儿童活动的动态情况；教师在孩子们之间走动时所充当的角色。当你一个人带班时，录像可以成为你的观察者，这样，你可以事后对游戏期间发生的事情进行反思。还有，摄像机正在变得越来越小，越来越便宜。直接用DVD存储的摄像机相对昂贵一些，但由于用DVD摄像不需要再转录成视频文件，这让我们使用起来异常方便。当然啦，你可以将迷你DVD从摄像机中取出来，直接在DVD播放器中播放。录像记录是以场景的方式呈现的，所以你的特定关注点就很容易被发现。

录音

要记下孩子们的对话是相当困难的。他们说话的语速快，而且常常是所有的人同时在说话！因而，录音是非常有用的。数码录音笔很小，不必用磁带，可以通过设定建立多个文件夹，而且价格相当便宜。它们也不唐突，所以把录音笔放在靠近孩子们游戏的地方不会引起他们的注意。当你与同事们一起反思时，录音能帮助你去倾听孩子们之间发生的真实对话。当你要对自己的教学情况进行反思时，录音能帮助你去倾听在游戏或集体活动时间里你说了什么。例如，反思在你所做的事情中你喜欢什么，你想要改变什么？

为观察活动做好准备

为了让观察活动顺利进行，教师在组织教室的活动时，头脑中必须要有观察的意识。幼儿教师需要擅长同时做几件事情，如果做不到这一点，就难以在幼儿园立足。在任何一天里，教师要同时进行：教室环境的规划和维持，为孩子们提供丰富的游戏和发展适宜性的活动，给幼儿家庭提供支持，与同事交流，完成工作记录。同时，教师要去处理孩子们之间的争执，为发展孩子们的社会交往技能提供榜样，促进孩子们学习，监督盥洗室里孩子们的行为，使孩子们保持安全与快乐。要把观察活动纳入如此忙碌的场景，就必须要让观察变得简单和有效一些。

教室里用于观察的工具

用来做笔记的小纸片是必不可少的。但由于小纸片容易丢失或被放在口袋里而忘记了，为了让它们发挥作用，就必须要把这些纸片整理起来。考虑如下几种做法，它们都是那些为了发展课程而定期进行观察的教师在不同时期曾使用过的。

- **即时贴**。你可以买到大小足以写下几句话的即时贴，把它们收集在任何地方（贴在墙上，贴在书写夹上，甚至贴在微波炉的侧面），直到

你准备在会议上用到它们。

- **篮子**。把篮子放在柜台上，这就创设了一个有吸引力的、方便的收纳容器，当你从它边上经过时可以把字条丢到里面去。
- **文件夹**。如果你为每个孩子的作品建立一个文件夹，你可以把这些文件夹放在教室的书架上，用于收集便条和作品样本。把便条直接放到文件夹中去，可以节省今后进行文件归档的额外步骤。

- **书写夹**。尽管当你积极地投入孩子们的活动时，随身带着书写夹会不太方便，但你可以在教室的每个区域里，在伸手可及的地方放一个书写夹。放置7到8个书写夹，在每个书写夹里夹上多种观察表，

可供教师全天使用，在需要时可以收集起来用于小组讨论。书写夹的最大好处之一是，它可以提供书写的空间，用于收集发生在特定游戏区域的轶事记录，用于记下你与孩子一起工作时突然发生的问题。你可以设计一张特别的观察表与书写板一起使用，以便撰写评论。这里有一张取自康科德儿童与家庭发展中心（CFDC）戏剧游戏区的书写夹中的观察表范例。

戏剧游戏区	给自己的问题与注释
安德斯进入戏剧游戏区，说道："我是爸爸。"他抱起玩偶娃娃说："你要到医生那里去打针了。"他假装是医生，并给娃娃打了一针。接着，他又回到"爸爸"角色，把娃娃带回家，给娃娃做早饭。	看到安德斯一个人扮演医生和爸爸两个角色，我觉得很有意思。他能够区分这两个角色的差别。我想知道他自己最近是否去看过医生并打过针，或者可能他妹妹是病人，他在一旁观察过。在一个游戏场景中，一个孩子能扮演几个角色呢？
玛丽以一种很温柔可爱的妈妈的语气跟玩偶娃娃说话。	

所以，我们有很多方法来开始写观察记录，给教师团队提供一些可以思考和做出回应的事情。随着生成课程的演进，我们也必须要找到一种记录方法，对所发生的事情、教师的思考、他们所做出的决定，以及接下来发生的事情进行记录。毕竟，我们有责任向家长、我们的办园许可机构和我们的同事解释自己的行为。我们需要用一张更大的画卷来展现我们正在做的事情，以便每个人不仅能理解正在发生的学习过程，还可以贡献自己的想法、评论和问题。随着工作取得进展，当幼儿和教师的工作被分享时，合作者的范围就会扩大，对工作价值的认识也会加深，一起思考的机会也会增加（Jones and Nimmo, 1994; Fraser and Gestwicki, 2002）。制订计划的内容将在第5章中讨论。现在，让我们思考一下对观察记录和生成课程来说最重要的起点——与孩子们相处时，那些能唤起我们好奇心的微不足道的时刻。

> **教师的声音：将生成课程起始步骤写下来**
>
> 在哈利法克斯的榉树街幼儿园，教师已经习惯于观察儿童，并通过创设丰富的环境，提供进一步的活动或游戏机会，对观察结果进行回应。然而，他们还没能找到一种方法，能很有效地把他们所做出的回应写下来。他们理解生成课程的循环属性，也很想表征那个过程，然而却面临一个共同的问题，即缺乏足够的时间去写下他们每天打算在教室里做的事情。
>
> 在我提议召开小组会议期间，他们有机会了解到了其他教师解决这一问题的方法。在翻阅由 CFDC 幼儿园教师设计的表格时，珍妮特和霍莉看到了解决问题的可能性。
>
> 珍妮特：我喜欢这个表格实际上所运用的观察记录的方式，它就在这里，人们可以从中看到事情发生的经过，以及为什么会发生。这样从第一天到第二天就有了连续性。
>
> 霍　莉：然而，这样就需要回应许多观察到的事情。
>
> 珍妮特：是啊！用你全部的观察记录，你自己就能出版一本书了。
>
> 苏　珊：这就是教师的声音开始发挥作用的地方。从所有这些观察记录中，你们可以一起决定要使用哪一张或哪两张观察表。还有，你要记住在教室的每个区域里都将会有一张这样的表格，这样在整个幼儿园里你可以做出很多回应。
>
> 珍妮特：你知道吗，当我看到这个表格时，我认为它相当全面。我认为它会符合办园的要求，但它确实展现了事情如何呈现的特性。而且，它覆盖到两个教室的所有区域，因而对于如何回应，我们将会有许多选择。

霍　莉：在每天下班前，我们可以选择对哪些观察记录进行回应，这样早上带班的教师就可以有个参考。

珍妮特：而且，这样我就不需要总是依靠记忆去想以前发生的事情。尽管这意味着我们需要手头上有许多材料去支持儿童，这些材料平时可以放在壁橱里。

苏　珊：的确如此，我们在这里讨论的不是玩具——这里指的是一些可循环利用的东西，如绳子、滑轮，五金材料——真正有趣的零散物品。

珍妮特：经过几年的经营，现在我们的壁橱里应该有许多那样的东西了。

这是个寻找问题解决办法的简单案例，呈现了教师——甚至是那些未曾见过面的教师——之间合作的威力。有时候，那些践行生成课程的教师会在某个实际事情上产生类似的纠结。但是当教师们一起分享专门知识和技能时（通过使用计算机，有同样想法的人很容易建立起一个网络），解决问题的方法就会出现。那些对认知不平衡感觉持开放态度的教师，是不会停止对新方法的尝试的。他们为了继续学习，还会主动寻找信息或与他人对话。

儿童的声音：始于寻常时刻

课程的走向常常源自与孩子一起对话或游戏的平常时刻，这样的时刻会让我们停下来反思。在本书中使用的"寻常时刻"（ordinary moment）这一术语与乔治·福门博士提出的"寻常时刻"是一致的。他说:"我认为最好的时刻是'寻常时刻',是小而简单的,而不是大而复杂的。其实,一旦你停下来对某个'寻常时刻'进行反思,你会发现儿童更多的真实情况,这要比我们回顾十几个高峰时刻的收获更多……我将提议应该利用'寻常时刻'来体现我们与儿童的关系,以及我们作为老师的成功之处。"(Forman,2000)

作为教师,如果我们表现出关注的姿态,就会看到许多值得我们进行反思的时刻。这里有两个短暂时刻的案例,它们发生在忙碌的游戏期间。第一个案例是关于3岁的汉娜的。

  汉娜正用自己选择的胶水、胶带、纽扣、记号笔和纸等拼贴材料在艺术区玩。

  我从她身边经过时,注意到了她的作品,并坐下来观察了大约2分钟。没有等我问,汉娜就说她正在制作一张有眼睛、有鼻子、有嘴巴的人脸。

苏 珊:那么,这些眼睛能看见你吗?

汉 娜:(她又取了一个纽扣)当我用这个纽扣把它们盖住时,它们就什么也看不见了。

苏 珊:噢,所以如果没有被盖住,眼睛是可以看见的?

汉 娜:是的。(她从架子上拿了更多的纽扣,用胶布把它们贴在纸上。)

苏 珊:你说过这些纽扣是眼睛,那么这些其他的纽扣是什么呢?

汉 娜:当你把胶带撕掉时,他们能够看见。

尽管不是这个班的教师，我还是很快记下关于这次交流的一则轶事记录，并将它传阅。在回应这则观察记录时，教师们的对话会突然转向许多角度，包括对眼睛、脸等的研究。由于在教室中此类研究非常常见，教师决定再挖得深一点。他们的对话聚焦在观点的选择上，并对如下问题进行反思。

- 关于对身体的了解，汉娜向我们展现了什么？她对什么问题有错误的理解？
- 她是如何表征她所知道的东西呢？
- 在多大程度上，一个幼儿能透过另一个人的眼睛去"看"？能从一个不同的视角去看？
- 在这个区域，我们还可以用什么其他方法，去扩展汉娜的思维和她在这个区域的发现？

他们想知道，汉娜是否正在形成关于身体是如何工作的想法，她是否能用多种材料表征自己的想法。也许在苏珊提出问题之前，汉娜还没有想过眼睛能看到什么。当汉娜试图从这个角度把事情弄明白时，她的思维有一点混乱。在思考了用什么办法对这一正在发展的知识进行鹰架之后，教师决定，当汉娜在戏剧游戏区玩的时候，跟她一起做游戏。她们知道当汉娜研究"眼睛"的时候，需要用到更多的镜子来做实验。为了获得更多关于汉娜对"眼睛"的理解情况的信息，她们想出的办法是把娃娃的脸转过去不对着自己，然后问"现在娃娃可以看到什么呢？"这样，她们可以记录汉娜以及其他孩子的反应，以此为依据来思考下一步做什么。

她们还决定，在整个教室里，围绕观点采择的概念对材料和活动做出回应：把镜子放在事物的前面和后面；从下方和上方去看物品；组织一些活动，从中让幼儿思考别人可能会看到什么；探究一些方法，以理解别人此刻的感受，等等。所有这些做法都源自一到两个对话时刻，这种时刻在繁忙的教室里太容易被忽视了。

这里还有另一个例子。

> 南希正在写字桌上画画。我已经知道她对试验书写印刷体字母很感兴趣。我参与到她的活动中去，于是一段对话就展开了。

南　希：这是我的表妹。

苏　珊：你能给我讲个关于你表妹的故事吗？

南　希：有时候她想要我的装扮衣服。她想要婚纱。于是，我告诉她我还没有用完。后来，她没有跟我说就把婚纱拿走了，我不跟她说话了，因为这就是"夺走"的意思。后来，当她把婚纱送回来时，我就跟她说话了。现在，你给我讲一个关于你表妹的故事吧！（我一直在记录南希的故事。此刻，她靠在我身上，把我的笔拿去了。）

苏　珊：我的表妹叫玛丽莲。（这时，南希停下来疑惑地看着我。）

南　希：这个名字是以什么字母开头的？

苏　珊：M。（南希写了一个M，是倒着写的。）

苏　珊：我表妹的腿不好，所以她要用轮椅。（南希画了一把椅子，然后画了一个坐在椅子"里"的人。）

南　希：她在这里，坐在椅子里！

与南希一起在桌子旁度过的这5分钟，告诉我们很多关于南希的情况：她的读写能力发展、她的好奇和她对社会互动的理解等。例如，当南希讲述完她的故事后，要求苏珊也讲一个表妹的故事，她自信地拿着笔，把自己想象成记录员。由于她把自己看成是一个有能力的人，她愿意冒险去书写。她还使用了另一种表征性工具——绘画。

反思了如何对此进行回应之后，课程小组选择了一个回应的角度。这一次，他们打算通过改变环境来做出回应。他们让书写区的材料触手可及，以鼓励儿童写故事，这些材料包括：制作书的材料、由空白纸做成的迷你书、用于提示孩子们参与对话的家庭照片。在这个区域里教师也会去观察和倾听孩子们可能想要讲述的家庭故事，她会鼓励孩子们去记录自己的故事。也许，这里存在一些探究家庭之间多样性的机会。

观察的过程——关注、记录，并反思在微不足道的时刻与孩子个体之间发生的互动是有价值的，因为这种练习促使教师去接触儿童的想法。当你去关注儿童游戏中的小细节时，你跟孩子的对话就会变得具体而真实。

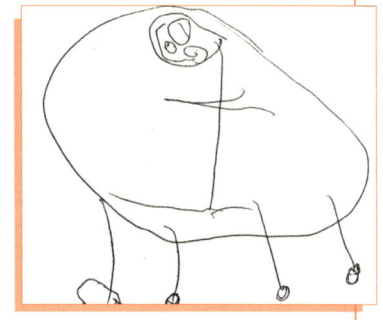

那些头脑反应很快的教师会提一些激发孩子们思考的问题，这不仅可以加深儿童对所发生事情的认识，也能加深自己对儿童的思考过程和对知识建构的认识。

从这些案例中，我们可以看到，即便是在转瞬即逝的时机里，教师个人的倾向性也会影响着游戏。如果教师倾向于注意很小的细节，当她从正在工作的孩子身边经过时，她就会发现可以反思和回应的东西。在教师停下来去观察和倾听汉娜之前，教师对她正在想什么一无所知。好奇心使教师想要去弄明白，去与孩子进行交谈，去反思那些对话。从南希的作品中，可以看到"前知识"这一概念的体现。了解该幼儿的一些情况，她的兴趣、她在试验书写印刷体字母是我的前知识。南希的前知识也是看得见的，这让我能够与她合作书写印刷体字母。

在本章的开头，我们考察了一个教室在5分钟里发生的情况。像这样快速地对整体进行观察，并写下轶事记录的做法也是有价值的，只是理由与个体观察记录不同罢了。当教师对教室进行整体性的观察时，他们看到的是一幅大画卷——教室里的活动流程，教室的使用方式，以及教室里的关系。换句话说，他们看到了儿童游戏和工作发生的背景。背景同样有用，虽然它有别于我们个别化地与幼儿互动。这两者都是重要的。通过对整体的关注和对寻常时刻发生的小细节的关注，教师们可以在计划如何去回应幼儿时，很好地做到两者的平衡。

本章的例子告诉我们，有时候教师们既可以对能引发长期项目或研究的游戏活动进行观察，也可以利用短暂的、简单的但实际上是相当不同寻常的时刻。在一个更大的背景中，这些小插图能让教师窥见儿童的思维，通过反思引领我们确定下一步的行动。

当我们思考下一步做什么的时候，不妨先放慢速度。教师们和孩子们都需要时间去慢慢地思考和探究这些选择。然而，在幼儿园教室里，时间通常是不够用的。为什么呢？是什么让孩子们和我们自己都感到这一天过得如此匆忙呢？让我们暂且不顾常规，去考察一下时间的作用。

3

第 3 章

时间的作用

尽管可能没有意识到，我们在每日生活中都会使用"脚本"。举个例子说，当我们去杂货店购物时，我们使用的脚本是：进入杂货店，找一辆手推车或一只篮子，在狭窄的货架通道中来回走动选择商品，把我们挑选的食品等杂货装到购物车上，看着售货员对商品进行扫描和装袋，然后付钱。我们也可以回想一下幼儿园里的一日生活，例如，当室内活动向室外活动转换时，孩子们需要做些什么事情：他们必须去一下盥洗室，到小橱柜里找到自己的东西，以特定的顺序穿上衣服（尤其是在寒冷的天气，孩子们要穿复杂的冬装，穿衣的顺序很重要），然后等待成人带他们去室外。一般来说，教师对时间的利用在很大程度上影响每天"脚本"的展开情况，但教师有时候还没有意识到这一点。

脚本是如何与课程发生关系的呢？将自己想象成一名在新的工作岗位开始第一周工作的教师。在刚进班的前几天里,你可能会花时间观察这里的各项工作是如何开展的。你需要学习一天中教学团队开展工作的脚本,并在观察的过程中自己试着回答如下和其他一些问题:

- 从早晨到下午,日常活动(event)的大概顺序是什么?
- 花在游戏中的时间有多长?
- 提供了什么样的环境以支持游戏活动的开展?
- 教师如何指导儿童从一种活动或常规训练向另一种转换?总共有多少次转换?
- 教师发起的活动在一日生活中是如何安排的?
- 教师是如何做决定的?

为了与孩子们共处,所有的教室都有脚本。脚本可以帮助教师维持一个有序的环境,并为幼儿提供一种一致性和心理上的安全感,因为儿童希望知道接下去该做什么。脚本还决定了教室里可以开展哪一种课程。事实上,熟悉的脚本和常规是如此根深蒂固,似乎有着自己的生命,它们会聚集动量,在幼儿园教育中发挥巨大作用。需要记住的是,幼儿园教育中的脚本并非一成不变,也不必与时间有关。它们可以被审视、被讨论、被重新思考,也可能被改变。

如果你是一名新手教师,你不可能刚进入一个新的工作岗位,就试图去改变一些做法。你需要去建立关系,发现自己的舒适度,发现幼儿的节律,然后与你的教学团队一起反思。即便是熟练的专业人员,在熟悉的教室里,经过一段时间后重新去检查一下老的"脚本"也是有价值的。我们为什么要在这个时候做这件特别的事情呢?我们为什么总是做这件事情呢?这些常规对孩子们有用吗?这些常规是否符合孩子们的节律?本章将帮助你提出和回答这样一些问题。

许多一日常规或活动的存在,只是因为我们之前的人就"是这么做的"。这种做法显然没有经过认真考虑。而在仔细建构的教学项目中，教师做的所有事情都出于一定的原因，并且这些原因都经过谨慎的思考和审视，经过同事之间的讨论。我们用某种方式建构课程或计划常规，是因为经过反思，我们认为对这群儿童及其独特的兴趣、文化和发展性能力而言，这种方式是最好的。

接下来，我们将关注在幼儿园中发生的一些典型的日常活动。这不是要我们去接受"原来就是这样做的"，相反，我们将以批判的眼光重新审视这些场景。我们也将思考这些日常活动的真正内涵，以及它们在你的课程中是否有价值。幼儿园的课程不必看上去都是同一面目的，教师所开发的课程应该对其所服务的儿童群体而言是有意义的。在本章中，我们将在3个普通教室中，审视时间在教室常规活动的三个常见要素——游戏、圆圈时间和就餐——中的作用。然后，我们将研究一些方法，以解除时钟对幼儿园教育的束缚。

游戏

每一名幼儿教师，尤其是使用生成课程的教师，必须思考在一日生活中给予幼儿游戏的时间是多少。

生成课程极其重视游戏的价值，将之视为课程的发生器。游戏给儿童提供了机会，让他们去探索，去解决问题，去孵化和发展好的想法，进而去学习。游戏也为作为研究者的教师提供了仔细观察和倾听儿童的最好机会，从而加深了教师对儿童个体的理解。所有这些都意味着，为了让儿童充分发展自己的想法，为了让教师观察、互动和记笔记，必须要为游戏活动安排大量的时间。

在美国和其他西方国家，我们是依据时钟生活的。当我们忘记戴手表或不得不切换时区时，就会感到不知所措。对于幼儿园中的孩子而言，如果作息时间表被一段段较短的时间安排得满满的，这是有危害的，因为那样做的话孩子们就没有时间去展开复杂的游戏想法。以3岁的亚历克斯为例，他想表演自己第一次去电影院看电影的情形。他必须用椅子创设电影院的环境，然后要找一些朋友来做观众。这需要与其他孩子协商，而他可能不太有召集其他孩子一起做游戏的经验，这需要花费一些时间。后来，一个对去电影院看电影更有经验的孩子提醒他说：看电影需要电影票。电影票需要动手做，这就要花费更多的时间和进行更多的协商。谁来做哪些事？电影票上要写些什么内容？还有票价的问题。买电影票要花多少钱呢？在教室里有没有可能提供游戏币呢？或者，孩子们需不需要做一些游戏币呢？所有这些问题都发生在孩子们甚至还没有决定看什么电影之前！而且这种情况可能需要一两个小时的自由游戏时间才能展现出来。有多少课程能提供这么长的时间让儿童去发展游戏想法？更不用说去相信这样做是必要的、有价值的和可能的。

正在观察这个游戏的教师需要做出一些重要的决定，她的回应部分地取决于教室里已经建立起来的常规。把你自己置于那个教师的位置，想象这一切就发生在你的教室里，一边思考这个例子，一边问自己如下几个问题：

- 在你的课程中有没有安排开始和结束都很清晰的游戏时段？能否改变常规，使得游戏没有特别固定的时间段限制？
- 如果你想对常规安排进行改动，例如，提供更长的游戏时段，你怎么才能做到这一点？你必须得到许可吗？你有这样做的自主权吗？实际上，当除了可感知到的障碍或需要得到许可之外没有别的东西会阻止他们时，教师常常还是觉得自己不可能改变常规安排。但通常，经过协商去改变常规安排是有可能的。

- 你的课程是否以游戏为本呢？如果是，你是如何体现对游戏的重视的呢？如何才能通过常规安排及对常规安排的灵活处理来体现你对游戏时间的保证呢？这是一个重大的承诺，它将影响你安排一日活动和做决定的方式。

圆圈时间

让我们看看另一个幼儿教师熟悉的脚本：圆圈时间。如果在整个北美访问十几所不同的幼儿园，我们有可能会看到十几种开展圆圈时间（也叫大组集合）的方式。这里有如下两个例子。

> 在美国新罕布什尔州康科德的拉尔夫·瓦尔多·爱默生幼儿园，孩子们一入园就在一个大的圆圈里聚会。大家彼此问候，这时父母可能会稍作逗留，也可能直接离开。圆圈时间进行的活动有唱歌、做手指游戏和讲故事，这些活动都与孩子们当前的兴趣有关。孩子们的兴趣是变化的：新近下的雪，与秋天说再见，以及日本餐馆！圆圈时间里还进行谈话活动，这是一种尊重的、悠闲的谈话，其间孩子们可以谈论自己的家庭和周末所做的事情。3名教师都与孩子们坐在一起，支持孩子们发展彼此倾听和提问的能力。当孩子们表现出厌倦的迹象时，圆圈活动就结束。9月份，孩子们才刚刚入园，因而圆圈时间里的每一项活动都进行得非常简短，整个圆圈时间加起来总共可能只有10~15分钟。
>
> 圆圈时间的长短取决于孩子们的发展情况，以及他们对集体活动的忍受能力。在春季，这种聚会可能延长到20分钟或更

久。圆圈时间总是穿插着听和说方面的活动。圆圈时间以体贴周到的步调进行着，敏感地回应着幼儿的需要。接下去会发生什么，取决于教师观察到了什么，因为他们接着会把自己观察到的事情告诉孩子们："昨天，我看见你们当中有许多人都在积木区使用动物园的动物模型！今天，你们会发现这里有一些动物宝宝，因为昨天莎拉和保罗在玩动物之家的游戏。"孩子们以悠闲的方式结束聚会，随着吉他伴奏唱一首歌，歌里提到了每个孩子的名字。当听到歌里唱到自己的名字时，他们就离开圆圈到教师精心准备的环境中去探索。在选择了做什么之后，他们会花一个小时或更长的时间去游戏。

从这个案例中，我们可以看到，这个学校的教师很了解儿童发展，他们对这个年龄的孩子有什么需要和要求十分熟悉。3、4岁的孩子不能坐很长时间，在这里，教师没有要求孩子们那样做。这些孩子仍然处在自我中心阶段，当然需要有机会去谈论自己。这些谈话是以偶然的、自然的方式进行的，而不是要求孩子们依次轮流地说，让21名孩子轮流地讲话会是件很痛苦的事。有些孩子需要更长的时间与爸爸或妈妈告别，这是可以被接受的。在这个幼儿园的圆圈时间中，我们可以感受到尊重、和善和有趣的氛围。活动的节奏随着活动内容的变化而变化。在这里，孩子们没有感到无聊，他们很快离开圆圈去探索游戏的可能性，这些游戏教师已简短地向他们解释过了。

也许，你曾看到过的圆圈时间是以另一种方式呈现的，就像如下这个例子。

在另一个幼儿园，圆圈时间安排在上午的中间时段。在要求孩子们完成整理之前，教师已经在等待孩子们安静下来。等到大多数（不是全部）孩子围坐成一个圆圈时，他们就以一首熟悉的问候歌开始圆圈活动，接着，教师请孩子们选择其他歌曲。他们歌唱的热情很高，还常常跟着音乐律动，歌唱活动约持续15分钟。那些仍在进行整理的幼儿，一完成整理就马上加入到歌唱活动中去。这些歌曲的音调和节奏是放松的、好玩的。后来，其中一名幼儿注意到外面飘起毛茸茸的大片雪花。经历了最初的兴奋之后，教师请幼儿去倾听下雪的声音。她打开窗户，被安静而缓慢飘落的雪花吸引的孩子们逐渐静默下来。就这样延续了一会儿，教师的计划被暂时搁置了。她本来用旁边的记录纸，制订了一个语言体验的活动计划。但是现在她决定不让幼儿玩押韵，而是请幼儿告诉自己一些描述雪的词，并帮助他们把这些词写下来列成一个清单。后来，他们用这张清单制作了一本关于第一次下雪的书。

这些例子表明，圆圈时间可以大不一样。在第一个幼儿园中，安排圆圈时间不仅是为了欢迎幼儿及其家人，也是为一天的活动做准备。教师不仅要注意幼儿之前的工作，还要将之与当天将要发生的事情联系起来。这既是在有意识地进行放松，同时也是有效地为即将进行的游戏活动营造氛围。在第二个例子中，教师有意识地尽量不打断幼儿正在进行的游戏，他们没有严格要求每个孩子加入圆圈活动的时间。很显然，这些决定是教师们讨论了"什么是有价值的，以及在特定条件下要进行什么样的圆圈时间"之后做出的。

关于圆圈时间，我们还可以进一步提出问题：每次集中活动是如何考虑幼儿的发展阶段和需要的？如何把幼儿的兴趣纳入进去？在圆圈时间里，幼儿的权利是什么？

如同一日常规活动的所有方面一样，圆圈时间也是有脚本的，那些脚本需要经常地被审视。你自己对此类常规活动的信念会受好几个因素的影响：你所受的专业训练、你的阅读情况、你的专业发展状况，以及你所在学校的要求。但是对于这种熟悉的集体活动类型，你的信条是什么呢？圆圈时间的目的是什么？

可以尝试的事情

用几天时间去关注你自己的圆圈时间或晨会。幼儿对这个常规的集体活动时间有什么样的反应？这种反应告诉你什么？你觉得他们在圆圈时间开心吗，还是说一天中的这段时间需要重新考虑？

例如，在你的幼儿园里，圆圈时间最好可以在更小的小组中进行，而不是在全班范围里进行。这样，在讨论或游戏时，孩子们需要等待轮到自己的时间就会短一点，面对面的关注会更多，需要教师关注的某些孩子在大组活动时出现的捣蛋行为会更少。如果你的幼儿园重视班级集体活动，你可能会认为圆圈时间全是肢体活动，很少强调让幼儿静坐。

进餐时间

如同成人是在需要的时候才去吃一样，儿童也需要听从身体发出的饥饿信息去进食。新生儿在这方面是非常灵光的，他们哭了，我们就喂他们！然而，好景不长，不久后幼儿发现自己是根据成人制订的时间表来进食的。虽然一日三顿没有错，但是对儿童而言在想吃的时候就能吃，而非等到某人告诉他们可以吃的时候才能吃也是很重要的。出于这种考虑，有些儿童中心提供一种开放式的零食，早上约有45分钟的时间提供食物。在这段时间里，儿童自己决定什么时候去吃。有些孩子马上过来吃了，有些孩子选择完成手头上的事情后才停下来去吃点心。另外一些孩子等着与好朋友一起吃，把吃点心的时间推迟到好朋友也准备吃的时候。当然，也有孩子选择不吃点心，可能仅仅喝一杯水或其他饮料。

这样开放而灵活地处理餐点时间有几个方面的价值：

- 儿童在感到饿的时候才去吃，因而就学会了去留意身体发出的信号。
- 由于食物不是按份额分配，也不是在儿童不感兴趣的时候送到他们手上的，因此不会被浪费。
- 儿童会有控制感和做决定的感觉。
- 选择不吃点心的儿童通常在午餐时会吃得津津有味。

当然，组织一个有弹性和开放性的餐点活动要比组织一个同样的午餐活动容易些，因为午餐经常提供热的食物。不过通过努力和承诺，教师至少可以改变午饭的开饭时间，从而使之与儿童的节律一致。如果儿童早餐和点心吃得很好，到了中午，不是所有的孩子都会想吃午餐。这种情况该怎么处理呢？你们班的教师和孩子们会考虑用什么样的方法来组织有差别的午餐呢？是否可以为孩子们提供两个午餐时间呢？如果因人员配备难以实行，至少是否可以让儿童自己选择进餐的量和自己取用食物呢？以家庭的方式就餐，提供装食物的碗和便于使用的公用调羹，是另一种让儿童自己决定吃多少的方法。

就幼儿教育中关于常规安排做的所有决定而言，重要的是这些决定的实行方式。教师以前所做的决定是否建立在对儿童及其对这些常规的反应进行观察的基础上呢？问问自己：你所在的幼儿园中的常规是依据真实的儿童的节律组织起来的，还是根据旧脚本或成人的时间表组织起来的呢？如果你愿意重新审视常规，那么通过运用观察、与儿童和同事对话，以及尝试一些新方法的意愿，你就能够彻底改造一日活动，这样一日活动就会自然流畅，变得是为你所照料的儿童量身打造的。

不设定时间的课程

在公共学校体系中，时钟发挥了强有力的控制作用。铃声一响，每个人就开始换课、换教室或任务。不幸的是，有些幼教中心就是用时钟进行有效管理的。试想一下，如果你和你的教师团队成员都取下手表，你的一日活动可能会发生怎样的变化呢？你将如何知道什么时候要变换活动了？你会以什么为线索呢？

当你考虑这种做法时（对于任何严重依赖手表来组织一日活动的人来说，这种做法是激进的），想一想有没有其他替代方式可以让你决定接下来将进行什么活动。例如，当你决定是否要新增一个向新的活动转换的环节时，你可以问问自己如下几个问题：

- 儿童对游戏的兴趣是正逐渐下降，还是依然非常投入？他们对接下去做什么很有想法吗？你是否愿意允许他们按自己的想法玩呢？
- 他们的精力如何？他们是充满了活力，玩得很起劲呢，还是无精打采的，需要停下来休息一会儿呢？
- 儿童饿吗？渴吗？你是怎么知道的？
- 比起结束活动，你能否把儿童现在正在做的事情视为你下一个活动的一部分而继续进行下去呢？例如，如果不能现在让儿童实现建构一个动物园的想法，那么在圆圈时间，能否通过头脑风暴为第二天的动物园游戏收集道具呢？
- 儿童的游戏已经进行多长时间了？如果游戏时间少于一小时，仔细看看儿童正在做什么，问问自己孩子们是否有足够的时间思考和实现他们的游戏想法。在游戏过程中儿童是否得到过教师的支持？他们是否明白，如果有需要他们就可以花更多的时间进行游戏，并获得更多的支持。

有时候，我们之所以会在实践中延续熟悉的做法，是因为我们觉得这样做很舒服。于是，当我们被要求尝试一些新的事物时，所有的事情就会陷入混乱，直到一个新的可行的方法出现。接下来，我们看看在两名决定摘下手表的教师身上会发生什么事情。

教师的声音：把时钟从教室里拿走

坦尼娅和伊丽莎白是哈利法克斯儿童中心一个有8名学步儿的班级的教师，这些孩子的年龄跨度从18个月到30个月，该中心重视发展适宜性的实践。她们开始一起工作时，上午的常规活动包括：自由游戏（约30分钟）、圆圈时间、小组活动、餐点时间、户外活动时间、故事时间和午餐。由于教师试图让所有的活动都"准时"进行，活动的节奏就很匆忙，并且活动之间有许多转换环节。尽管坦尼娅和伊丽莎白都是熟练的教师，能够让活动组织得很流畅，让等待的时间很少，但是自由游戏（她们认为这部分最重要）却因时间限制而正消失。于是有一天，这些教师取下了手上的手表，也把时钟从教室里移走。然后，所有的事情都发生了改变。

下面，利用教师日志的摘要，我们对这个实验过程进行追溯。

> 从我开始接手学步儿项目到现在已经有一个月了。当被告知要以儿童的兴趣来制订计划，还不需要有任何时间感时，我感到非常兴奋。
>
> 然而，这种兴奋感持续的时间并不长。在接下来的几周里，正式课

程被打碎了。教师们变得非常关注儿童正在做的事情,以致构成一日活动的其他活动环节都没有开展。因为孩子们专注于游戏,圆圈时间消失了。工作人员不想打断孩子们的游戏来组织小组活动。有时候,要到午后才进行户外游戏。教师们抱怨说有种"漫无目的"的感觉,觉得"什么事情都没有做"。一名教师是如此专注于儿童的游戏,以至于另一名教师感到被迫去完成所有日常杂务——做家务、换尿布、洗手,等等。她并不欣赏教师职责的这种变化。

随着时间的推移,教师们对儿童的活动和思考变得越来越敏感,匆忙的感觉消失了。尽管有这些变化,两名教师常常在解释儿童的需要和兴趣上有分歧。她们发现,在如何决定何时转换活动的问题上,必须要重新进行协商。以前,是时钟帮她们做了决定。

> 最困难的事情是对一日活动中接下去该做什么做出"共同的决定"。今天,我和几个孩子用一些材料在做游戏,另外几个孩子正准备玩粗大动作活动。我要伊丽莎白先带那些孩子去玩粗大动作活动,我等这几个孩子准备好了会再加入她们的游戏。我知道跟我一起玩的孩子现在还不准备结束,我想尝试一下不要所有的事情都大家一起做。我们可以把事情分开来,但仍能让它运转起来。

在这里,我们看到坦尼娅的思想有一个重要转变。她正在实验一个对她而言是新的理念:把儿童分开,让他们分别参加不同的活动。为什么不可以呢?接受全日制保育的各个年龄段的幼儿一定都对整日参加集体活动感到厌倦。

一旦时钟不再支配着坦尼娅和伊丽莎白的工作模式了,一个新的课程就开始出现。它所关注的不是教师认为对儿童是"好"的东西。相反，现在孩子们开始与教师共同拥有课程。教师的观察变得越来越敏锐和精细，与项目的联系越来越紧密。教师不断地对一日活动的顺序进行实验。

> 如果我们能在每个孩子入园时就进行晨圈活动，而不是中午之前进行，那么这会给孩子们提供一个相互打招呼和交谈的机会……要在户外时间之后进行晨圈活动，他们会经历一个很艰难的时刻，因为当孩子们从户外回来时还浑身充满了活力，不想坐下来。晨圈活动是早晨入园后的第一件事情，甚至可以让孩子们想想早上剩余时间玩什么游戏。这也将意味着减少转换环节。噢，我的确认为这能发挥作用！

经历了一个充满不平衡的开头之后，现在我们可以在教师的话语中听出激动。经过反思和实验的过程，以及与搭档的对话，她找到了新方法去思考上午的常规活动，她正在朝着新的实践前进以回应幼儿的需要。实验了自己提出的在其他时间段进行晨圈活动的想法之后，坦尼娅接着说：

> 晨圈活动进行得很好。我们讨论花儿的生长、蒲公英等，还假装扮演花儿开放。在户外的时候，我们寻找花儿，采摘蒲公英。晨圈活动中的兴趣被带到户外，并持续了一整天。哇！

我们将坦尼娅和伊丽莎白的经验，全文附录在本章的末尾。然而，即便从这个小摘录中，我们也可以看到，当我们不以时钟为准则去做决定时，事情就发生了戏剧性的变化。我们突然被要求根据其他标准去做决定：儿童正在做什么、他们的参与程度、他们的兴趣和我们追踪它们的能力、他们的精力水平，等等。当我们要创造生成课程时，必须抓住每一个机会，根据此刻观察到的真实情况对熟悉的事物进行重新审视。

强迫自己更少地去拘泥于时钟，是达成该目标的一种方法。

在由时钟控制的环境中，或者在一个有非常多转换环节以致孩子们迷失方向的环境中，儿童会有什么样的感觉呢？

有时候，是儿童的行为而不是他们的语言在为他们说话。在接下来的例子中，学步儿再次成为焦点，但这一次是他们的行为迫使我们改变对时间的利用办法。

儿童的声音：儿童对转换环节的反应

在下面的故事中，儿童与家庭发展中心主任丽莎·兰弗斯，对发生在家庭活动室里与学步儿一起所做的努力做出评论。这个教室有14名年龄跨度从18个月到3岁的孩子、3名工作人员。这些孩子才刚刚开始发展语言，因而还不能充分表达自己的想法和需要。

大约3个月里，每天出现好几次（尤其是在转换环节）教室里一片混乱的情况，并引起孩子们身体上的反抗。咬人、推人、突然发脾气等行为都很普遍。经过几次观察后，丽莎是这样描述她的教学团队的：

> 有一段时间，她们陷入了根据学步儿的行为去改变环境，而不是根据学步儿的兴趣去主动创设激发儿童好奇心和兴趣的邀请。孩子们看起来是迷糊的，每次活动转换都变成了一场战争。工作人员看不到课程计划的主动性一面，而像是太过惧怕孩子们的行为（来自家庭的反馈和压力），以致创设了更多的转换环节，认为这些转换环节对孩子们会有帮助。而这使课程陷

入一种恶性循环。

当我们考虑常规活动及其对行为的影响时，运用观察者客观的眼睛是有帮助的。局外人——主任、另一位老师，或到访的顾问——可以把情形看清楚而不是深陷其中。在这个案例中，丽莎能够看到，当教师强加更多的转换环节，而不是提供活动的邀请时，学步儿就不愿意从一个常规活动向另一个活动转换。

丽莎很快意识到，教学团队需要得到帮助。她让另一个班的一名教师每天到这个班来工作几小时，这既是为了增加一双新的眼睛去观察，也是为了增加一些客观的反馈。罗莉以前从未带过学步儿，她离开了学前班，每天早上都是在家庭活动室度过的。她与孩子们一起游戏、互动，最重要的是观察他们的节律。罗莉评论道：

> 那些节律似乎在向我大声地尖叫："让我玩游戏！"于是，经过与教师进行几次讨论和反思之后，我们对常规活动进行了改变。在整理、餐点、小组时间、户外活动时间之间不再安排单独、独特的转换环节。现在直到户外活动时间孩子们可以一直做游戏，只要他们在穿上外套之前完成整理工作就可以了；现在的餐点是开放的，孩子们想吃的时候就可以来吃；现在小组活动在自由游戏中进行；换尿布和上厕所是在孩子们需要的时候进行，而不是打断孩子们的活动去做这些事情。对教师而言，这需要一些改变，因为他们不得不根据孩子们的兴趣水平去估计什么时候需要转换活动。这些改变是极其回应性的，现在这些做法正在被贯彻，常规刚刚有点流畅。

由于她以前没有带过这个年龄的孩子，最让罗莉感到惊奇的是学步儿所拥有的巨大潜能。

我们尝试着通过提供游戏区域来利用学步儿的潜能，在每个区域都有一名教师在观察，并在观察的基础上为儿童提供有挑战性的环境。也许，孩子们以前有点无聊，他们的行为就是一种告知我们的方式。我们必须对此做出回应。

他们在学什么？

在语言和社会/情绪发展方面，学步儿的发展任务包括一个巨大的学习曲线。同时，在这个案例中，教师正在学习重新审视常规，学步儿也在进行以下学习。

- **自我导向**。让他们自己做决定和做选择，会增强其自尊和自信。
- **独立**。照顾自己的需要。
- **社会性能力**。作为集体的一分子，如何与儿童和成人一起交往和互动。
- **信任**。懂得自己的需要可以表达出来，并会被满足。

现在，托班的工作人员已经获得了很多观察信息，这些观察信息既来自以局外人角度去观察的人，也来自与他们一起参与教室里的日常事务并从中直接体验学步儿反应的人。为了引起改变而请别人进入你的教室，不是一件容易做到的事，而且正如我们之前讨论过的，这需要教师有某种气质来欢迎这种不平衡。那么阿里（那时是这个班的主班教师）对改变有什么样的看法呢？

总体上看，孩子们较少出现混乱。以前，我们对于为什么必须要整理或变换活动进行过多次解释。但是，这些孩子还太小，他们还不能理解这些。于是，他们开始反抗和拖延活动转换，并出现了大量的消极行为。现在，他们似乎安静了，很少出现混乱。就活动而言，他们可以做的事情更多了，他们可以选择去玩或不去玩。开放性餐点实施得很顺利；当我们打算要撤走食物时，我们会跟孩子们打一声招呼，以防他们压根儿没有想到去吃东西。由于他们是快速成长的学步儿，很少有孩子不去吃点心。

在这一点上，阿里对变化持有一种开放性的气质。为了给孩子提供更完善的课程，为了使教职员工的一日工作更顺畅，她愿意对常规活动进行改造。尽管改变也许是困难的，而且相比于儿童，成人要做出改变通常会更困难，但专业人员意识到改变有时对每个人来说可能会更好。丽莎也注意到了变化，她写道：

> 在罗莉开始来托班帮忙之前，有一段时间里，教职员工很明显对他们在（或很多情况下不在）贯彻观察班上孩子的方法感到沮丧。但是，一旦他们采用回应性的方法去创设环境和提供活动，重新对时间利用情况及常规进行审视时，由此带来的变化就是惊人的。孩子们对正在进行的活动很投入、很感兴趣，教师对所看到的儿童在参与和探索方面的表现兴奋不已，消极的行为不见了。这好像是换了一个班级，换了一群孩子似的。我们急切地需要这样的改变。

在本章，我们已经好几次看到，无论对于新教师还是有经验的教师，有些时候走出旧的脚本并问自己如下问题是很有用的。

- 这种做事情的方法是从哪里来的？对于这个班的孩子，这是不是最好的方式？为什么是？为什么不是？

- 这个班的孩子需要哪一种常规？他们一日生活的绝大部分时间都跟我们在一起——他们在这一日的流程中的权利是什么？
- 这个班是否为孩子们做游戏、胡乱摆弄材料、放松和做白日梦、解决问题和做决定提供了较长跨度的时间段？还是相反地，一日生活被安排得像军营一样刻板呢？
- 如果你是日复一日地待在这个班上的孩子，你对在这里度过的时间会有什么感觉？你是带着恐惧还是喜悦开始每日生活的呢？

作为一名教师，当我们迈出了对自己的课程或教学进行批判性思考的重要一步时，就已经为可能进行更具反思的教学实践开启了大门。这种实践不仅有利于儿童，因为课程变得对他们是回应性的，而且也有利于教师，因为他们会感觉到教育智慧提升了。当我们阅读下一章关于教育智慧增长的教师的故事时，我们就会明白反思性实践的真正意义，并了解到在日常与孩子们的相处中，反思性实践是什么样的。

不计时的课程：关于在一日活动中撤走时钟的案例研究

卡萝尔·安妮·威恩　苏姗·柯比-史密斯

作者的话：本文之前发表于1998年9月的《幼儿》(*Young Children*)杂志上，被收录进本书时进行了细微修改。

我们的实验——淘汰掉作息时间表

坦尼娅和伊丽莎白是8名18至30个月大的学步儿的教师。她们刚开始一起工作时，早上的常规活动包括：自由游戏（约30分钟）、圆圈时间、小组活动、餐点时间、户外活动时间、故事时间和午餐。由于教师们总是想让所有的活动都"准时"进行，节奏就很匆忙，而且活动之间有很多转换环节。尽管这些教师都很有经验，有能力让常规活动流畅地进行下来，让等待的时间很短，但是自由游戏（坦尼娅和伊丽莎白都认为这部分活动是最重要的）由于受到时间的限制而正消失。

这个时间表是她们从以前带这个班的教师那里沿袭下来的，她们想当然地认为所有的事情就应该这样做，尽管实际上没有人（园长和以前的教师当然没有）告诉过她们有这个时间表。是这两名教师刚来这个班工作时，看到这个班的活动时间是这样安排的，于是就活学活用了。由于刚到这个中心工作，她们就遵从了现行的做法。坦尼娅和伊丽莎白就想当然地采用这个脚本来组织时间。

那段时间，柯比-史密斯正在阅读韦恩的书，被下面引用的句子打动:"奇怪的是,我所知道的要打破对时间安排之支配权的唯一办法是关注空间的安排,对环境进行改变,然后观察孩子们的反应,在这个过程中,就让时间流逝吧,让时间的安排发生变化而不是保持不变。"(Wien, 1995, 136)柯比-史密斯想要知道"让时间流逝"是如何能去改变实践的。如果正规的测时工具从教室里撤走了,将会出现什么情况呢?作为负责人,柯比-史密斯请坦尼娅和伊丽莎白把教室里的时钟和手表拿走,并通过日志来记录这一变化对她们自己和儿童的影响,在决定课程和常规活动时重点关注儿童的兴趣和需要。我们这份报告就是对最初10个月情况的追踪。

有一些固定的活动和活动顺序,但被超越了……

这个计划很简单:教职员工不再戴手表,教室里也没有时钟了。为了让孩子们有安全感,活动的顺序还保持不变。但在活动中,活动时间的长短将由教师通过观察收集到的来自孩子们的提示信号决定。为了做好准备,教职员工复习了有关幼儿游戏节律方面的知识,例如,加维的"高峰与低谷"(1977),蒙台梭利的"虚假的疲劳"([1949] 1969)。目的是不要因错误地解释幼儿在游戏中的投入情况,而过早地结束游戏。

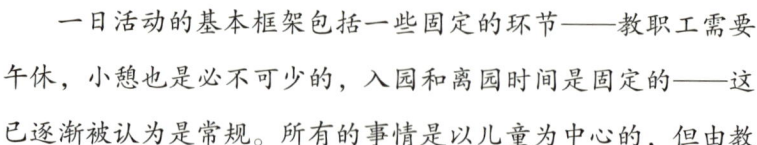

一日活动的基本框架包括一些固定的环节——教职工需要午休,小憩也是必不可少的,入园和离园时间是固定的——这已逐渐被认为是常规。所有的事情是以儿童为中心的,但由教

师来制订计划，例如圆圈时间、小组活动、户外活动，这就是深思熟虑的课程计划。因为没有了时钟，"无论什么时候，只要孩子们想要打盹了"，教师就安排午休，"无论什么时候，只要孩子们感到饿了"，教师就提供午餐。零食是"开放"的，在大部分游戏时间里都有供应。

一开始教师们感到沮丧

当时钟和手表从教室里拿走后，给坦尼娅和伊丽莎白带来什么影响呢？在前几周，正式的课程计划消失了。他们变得如此关注儿童在做什么，以至于一日生活中的其他活动没有开展。因为孩子们把兴趣集中在游戏上了，圆圈时间消失了。教师们不想打断孩子们的游戏去开展小组活动。有时候直到下午才进行户外游戏。教师们抱怨说"感觉漫无目的"，感到"什么事情都没有发生"。一位教师如此专注于儿童的游戏，另一位教师就被迫要完成所有的日常事务——做家务、换尿布、洗手，等等。她并不欣赏教师职责的这种变化！

然而，孩子们非常开心。他们的游戏经常延伸至大半个上午，并向教师们展现了新的才能和兴

> 由"时钟"决定的"时间表"常常打断创造性游戏，侵扰了幼儿自然而有创意的忙碌，造成了不必要的转换和紧张。

趣。例如，马克是一个26个月大、安静而容易满足的孩子。有一天，教师发现他在给交通工具分类。让教师惊奇的是，他把交通工具分成两组——会飞的和不会飞的。在圆圈时间，教师将他的分类进行扩展，请孩子们选一个交通工具，并假装在开

它——很快地开,慢慢地开,开得很高,开得很低。

随着时间的推移,教师们对幼儿的活动和思维越来越敏感,教室中"仓促"的感觉没有了。然而,取而代之的是另一种紧张。两位教师常常在解释幼儿的需要和兴趣上有分歧。她们发现,在如何决定什么时候转换到另一个活动这个问题上,必须要重新进行协商。以前,是时钟帮她们做出决定的。

例如,在8月的一天,她们和孩子一起外出散步,不经意地走到邻居家附近,一起讨论看到了什么。孩子们要说的东西太多了,走得很慢,遇到的新鲜事物都要仔细地看——一条压扁的毛毛虫、一只熟悉的躲在门廊里的猫。两名新来的孩子还不习惯散步,很快就感到疲劳了。一名教师认为他们应该全都回中心了。另一名教师则注意到其他的孩子还在全神贯注地活动,而且因为下雨,他们已经在室内待了漫长的一周了,现在才出来半小时。他们为该做什么而争执。两位教师在内心里都关注儿童的兴趣,但他们对需要的优先性上存在分歧。

由于教师们的决定有时候不能达成一致。于是就出现这样的解决办法:一名教师把两个新来的孩子带回教室,另一位教师把剩下的孩子带到有围墙围起来的中心操场,在那里她可以安全地监督他们。这是她们第一次通过分组来最好地满足全班孩子不一样的需要:一组回教室,另一组继续待在外面。换句话说,她们发现,相比以往任何时候,现在自己可以设想和做完全不同的事

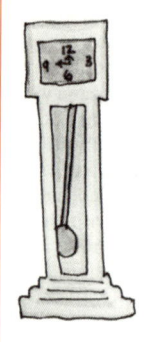

情。移走决定什么时候要变换活动的裁决者——时钟，使她们能离开旧的脚本往前走，去想象新的可能性。

但是之后情况变得比以前好了

几周之后，坦尼娅和伊丽莎白对如何根据儿童的需要和兴趣来做决定的苦恼，致使她们重新去审视课程中什么是学步儿真正需要的东西。经过几番热烈讨论，她们就这个托班的适宜课程结构达成了一致。入园的时候，孩子们需要受到欢迎，要帮助教师选择活动（"计划"），他们需要长时间的自由游戏，在游戏期间孩子们可以根据需要去吃点心和上厕所，而不去打断他们的游戏。保留较短的圆圈时间，因为孩子们很享受音乐和律动，接着进行一些户外活动。小组活动被改到午睡之后进行。这个计划显著地减少了转换环节的数量，由于教室里没有钟表限制，每个活动持续多长时间就没有特别地做出安排了。

重新思考餐点时间

时钟被拿走后，儿童通常整个上午都在做游戏，教师试着请孩子们在饿的时候告诉她们，而不是停止游戏或增加一个向餐点时间转换的环节。先给一两个饿了的孩子提供食物，于是有可能出现两种情况：① 有时，当第一个孩子吃完时，教师会漫不经心地说如果有需要现在可以去吃点心了；② 如果那天班上孩子的年龄小一点（许多孩子是半日的，所以每天班上孩子的年龄是不同的），他们会挤在同一时间吃，因为他们等不及。

一天，几个孩子向坦尼娅要东西吃。她拿出橙子、梨、香

蕉、小刀、餐巾纸和盘子。4个学步儿围着她坐在一张小桌子旁。她给每个孩子都提供一把塑料

> 当旧的模式被打破时,教师开始尝试一些开放而又有别于之前的处理生活环节的方法,也就有可能在孩子们身上有新的发现。

刀,在坦尼娅的帮助下,孩子们开始切水果,给水果削皮。这个过程花费了相当长的时间——要示范、谈话、学习用刀,还要吃水果。坦尼娅一点也不着急。这些孩子的点心时间持续了20分钟,还要花些时间喂他们吃,但这个过程却没有匆忙的感觉。只要有需要,餐点时间会一直延续。当第一个孩子吃完后,伊丽莎白穿过教室,去管理另外一些孩子洗手和上厕所,带他们去吃点心。他们的餐点时间总共持续了45分钟,因为准备点心和吃点心对孩子而言是非常放松和充满乐趣的。当这些孩子去室外操场时,年龄大一点的孩子已经回到教室要准备吃午饭了。让教师惊奇的是,她们发现,在没有时钟的情况下,年龄小一点的孩子倾向于比中心年龄大一点的孩子要晚一点吃午饭。他们还吃得很好,很少浪费食物,午饭后他们睡得很香,也没有忙乱。

当旧的模式被打破后,教师们开始尝试一些开放而又有别于之前的处理生活活动的方法,也就有可能在孩子们身上找到一些新的发现。谁会想到学步儿吃午餐的时间会迟一点呢?如果上午可以给他们安排一个不紧不慢而美味的餐点的话,为什么不呢?

脚本是一个陷阱——逃离陷阱

那些重视并希望支持发展性适宜实践的教师们常常会陷入

使用脚本的困境，这些脚本是很久以前教师主导模式下的产物，但在今天的教育环境中仍然在发挥作用（Wien，1995）。一个由教师主宰的脚本，给了教师控制别人做什么的权力，如果该教师遵守作息时刻表，儿童几乎没有改变由时钟规定的时间框架的权力（Wien，1996）。当教师们开始在一个预设好的环境中工作时，他们必须遵守已有的时间安排模式，否则他们就不能帮到同事。在开始工作之前，新聘用的教师也不可能有时间就许多细节与搭班教师一起协商。正如坦尼娅所说："我只觉得来这里工作很开心。我是新来的，每一个人到这里工作的时间都比我长。之前，我觉得目前要做的事情就是照着他们的样子做，但这种感觉是不对的。"但这种被感觉不对的模式却一天天地重复着，存在的时间越长，要对其进行改变就越困难。

让学步儿从人为的限制中解放出来

一旦将时钟从坦尼娅和伊丽莎白的工作模式中移走，一种新的课程就开始出现了。它所关注的不是一种专制的课程计划，即教师认为对儿童有"好处"。相反，现在孩子们开始与教师共同拥有课程。教师的观察越来越敏锐和精细，与课程计划结合得越来越紧密。

例如，有一天皮特花了很长一段时间在玩小积木。他尝试（很困难地）去搭一座桥。坦尼娅说了许多鼓励他的话，并站在他的身后描述他的动作："现在你正在尝试用三块积木而不是两块，这行不行呢？你现在认为你还需要哪一种积木呢？"经过好多次尝试，花了很长时间，他成功地完成了第一座桥。在拿走时钟之前，坦尼娅曾经为了执行既定的常规而赶进度，以至于没有时间去观察和支持儿童获得这样的成功，尽管她认为在幼儿游戏的时候自己应该提供这样的支持。

创造性课程浮现

有时候，新生成的课程会蔓延到全班幼儿。例如，有几天，班里的孩子们对婴儿有强烈的兴趣，其中玛德琳认为需要把娃娃装进双肩包里去。教师临时决定把玛德琳双肩包里的日常用品取出来，把娃娃装进去。玛德琳整天都背着双肩包，即便睡觉时也不取下来。第二天，所有的孩子都背着一个里面塞了一个娃娃的双肩包。孩子们走到哪儿都坚持要背着双肩包。当他们外出散步时，教师提供了一辆婴儿可以坐的小推车给"放在双肩包里的娃娃"坐，因为这时"宝宝"想坐车而不是被背着。这些额外的准备要花费教师的时间和精力，还需要教师忘了推着一辆装满娃娃的小推车在街上走的尴尬。

这个关于婴儿的课程持续了一个多月，"双肩包"阶段持续了两周。例如，所有的儿童和教师都把自己婴儿时的照片带到教室来。这些照片被贴在符合儿童视线水平的墙上，被重温了好几次。每次看照片的时候，孩子们都在寻找那时候的自己和现在的自己的异同。渐渐地，孩子们在小组活动时间也玩"娃娃"游戏了，给它们穿扣法复杂的婴儿衣服。

这又引发孩子们给自己穿衣服，并把扣自己衣服上的扣子当作一个有趣的活动。

结语

时间安排是支撑每日活动的基石。要消除旧的时间安排模式，就要对教师做的所有事情表示质疑，就要求教师对从前任那里沿袭下来的认为理应如此的时间安排脚本进行反思。反思促使教师去创造新脚本，以便为他们内心想要建构的发展性适宜实践提供更多支持。正如伊丽莎白所言："现在我不是那么伤脑筋了。以前我认为我们做的是适宜的，但我们做的根本不像我们本来可以做到的那样灵活。（现在）我们更清楚地意识到要去寻找什么，讨论什么。"时钟被拿走10个月之后，两位教师都评论道，她们有了一种新的自由感去做一直以来她们认为应该做的事情。

4

第 4 章 反思性实践

整天观察并与幼儿互动时,教师们需要考虑的事情很多,很容易根据表面价值去判断观察到的行为。我们可能只是表面地看到发生了什么事情,却没有去搞清楚儿童潜在的意图是什么。然而,在进行观察时,我们可以问自己:"该幼儿正在做什么?""她试图要搞清楚什么?"这样的问题可以帮助我们从儿童的视角去思考游戏,并考虑接下去要做什么。下面的轶事记录说明了当我们花时间去反思时,会产生什么新想法。

> 几名第一年的实习教师正透过观察窗观察一个学步儿玩玩具卡车。在十多分钟时间里,他都在开自卸卡车:一会儿在地毯四周开,一会儿在置物架的边缘开,一会儿在大型中空积木上开,一会儿又在墙面上开,他的嘴里同时还发出卡车的声

> 音。与实习教师一起观察的早期教育专业教授问道:"你认为接下去会发生什么?你可以做些什么事情对其进行回应?"那些实习教师马上提出提供环境的设想:提供更多的玩具卡车,在地毯上画或者铺些道路,等等。又观察了几分钟之后,一个学生安静地记录道:"你懂的,我不认为这是关于卡车的游戏,他的眼睛一直盯着轮子,他在试验可以在什么地方开卡车。我认为他更有可能是在探索轮子和移动。"

这一小段精彩的敏锐观察和透过现象看本质的思考,是我们朝着生成课程努力的第一步——反思性实践。反思性实践包括:在着手设计一个考虑周全的回应之前,花时间放慢速度,深入地进行思考,与同事对话以发现儿童的意图、思考过程和前知识。

在本章,我们将讨论在"观察—反思—计划—观察"这个循环中反思环节的"缺失的中间部分"。那些忙碌但又认为儿童中心课程有价值的教师,想要以一种高效、回应性的方式推进课程建设。在时间很短的情况下,只是做出回应而不花时间进行深入思考的做法可能会更吸引人。但是,就如我们将看到的,思考和对话将会使课程变得更丰富。

缺失的中间部分:花时间去反思

在每天与孩子们的相处中,当看到一些有趣的事情(例如在墙上开卡车)时,教师们有一种想要马上做出回应的倾向。也许是你要填写一张计划表,上面的空格需要你写下自己的想法。也许是留给你制订计划的时间有限。为了获得效能感和对全局的掌控感,填好空白表格和制订好计划对你是有吸引力的。但是如果教师在没有花时间反思的情况下就把计划制订好了，有些东西就会缺失。我把这些东西称为"缺失的中间部分"。

教师一整天都在做选择。但是要做出知情选择，就需要停下来，把我们所看到的事情和我们接下去要做的事情联系起来。这些联系就是反思性实践的灵魂。我们与其采用"观察引导回应"的工作模式，不如努力形成一种"观察引导反思，反思引导回应"的工作模式。行动中这样的暂停，可以让我们对自己所看到的东西赋予意义。与同事、与孩子们的对话本身就是形成这种工作模式的很好的起点。如果你独自一人工作或跟哲学观不同的人一起工作，你也能找到反思自己的记录和照片的方法。让我们一起看几个反思是如何对幼儿教师产生影响的例子吧！

与同事一起反思

当我们与其他教师一起对教室里的所见所闻进行讨论时，会发生什么事情呢？在一个3人小组中，对已经发生的事情可能会有三种不同的反应。通过花时间去倾听别人的看法，教师们就有机会去扩展自己的想法。但是，真正的倾听意味着把自己的建议暂时悬置。要做到这一点，教师必须暂时不去考虑自己的观点，而试着去理解别人的观点。

当教师不习惯花时间深入思考他们所观察到的行为之意义时，这就既要给他们留出时间又要给予他们支持，来让他们放慢脚步。

下面是我做的一份日志记录样例，当我们在儿童与家庭发展中心开始生成课程之旅时，我们尝试着放慢脚步去思考。

> 今天，在团队会议中，我们仔细地阅读了教师带来的观察记录。我们试图去发现在儿童用材料所做的事和他们彼此互动

的方式背后的好点子和深层含义——这是一件费劲的事。有些人不习惯用这种方式思考，认为过于关注细节会浪费我们的时间。但我们坚持了，经过充分的讨论，然后当我们认为自己了解了游戏的意义和儿童的想法时（这花了一个小时），我们问自己："接下来干什么呢？什么会挑战或邀请儿童进一步游戏呢？"一起进行头脑风暴是有益的，10个头脑总比1个强。我们需要一起思考，以便把所有的可能性都考虑进去。

当教师与同事一起反思时，可能会出现几种情况。他们分享自己的想法，参与复杂的思考，对自己的想法进行思考，讨论这些想法的可行性——从而回答了他们将做什么来回应儿童这一问题。

使用班级日志

带班教师共用的班级日志不仅是对一天里班级情况的记录，也是教师之间进行交流的一种形式。教师通常把一本大的笔记本打开，放在便于取用的工作台上，全天都会随手在上面记笔记。这些笔记可能包括关于游戏的简短轶事记录、有趣的对话片段、写给自己的或问另一位教师的问题、一份有趣的建构作品速写（相机没拍下来），任何事情都行。当小组成员聚在一起反思时，这些随手记录下来的东西就变成了过去几天的记忆。当在小组会议上有人提问时，这些班级日志有时候就可以揭示一种模式或者提供与该主题有关的细节。

分享想法

通过对我们所看到的东西进行分析和解释，久而久之，我们开始形成自己关于教室里正在发生什么的理论。这个过程可以使我们变得对儿童更敏感，让自己继续成为学习者，并成为更有想法的教师。

教师可以展现其抽象思维的具体方法之一，就是为他们在教室里做的每一件事情提供一个论据——可以在记录笔记的写作中，在计划表中，或是在彼此的口头表达中进行陈述。论据描述了为什么我们要做我们正在做的这件事情，由此让我们的思考过程可视化，并帮助我们清楚地向别人阐述自己的想法和理由。清晰地陈述自己的论据是一种好的习惯，促使我们充分考虑"为什么要在班上使用这个方法或开展这个活动"。当教学小组要做出决定时，彼此之间问个"为什么？"总是有帮助的。教师这样做的目的并不是要"对着干"，而是要帮助彼此去思考"计划要在班级里做的每一件事情的依据是什么"之后再得出结论。久而久之，通过练习此类讨论，教师变得非常习惯于出声表达思考，习惯于去解释自己的推论。当教师擅长这么做时，他们就在智力上参与工作，验证自己的工作。他们也体验到自己对采用该教学方法的理由越来越自信。

参与复杂的思考

复杂思考可以被描述为：在头脑中同时持有许多理论、观点或想法，将它们当中的一部分联系起来，以便让我们做出知情选择和有创意的决定。

当教师把在教室里观察到的所有方面都记在头脑中，当他们对有可能影响正在考察的情境之所有各种影响因素（例如，理论的、哲学的、原有经验）进行考虑时，教师就是在进行复杂思考。例如，当这个孩子在一遍又一遍地画鸟时，我们除了只是说她"正在发展精细动作技能，正在学习如何进行表征"外，我们还可以从另外的角度去考虑这些表征行为：我们能否在这些画中看到需要特别关注的地方？关于这些鸟的什么东西让这个孩子如此着迷？她的前知识是什么？她的误解是什么？有没有其他方法能让她把所知道的东西向我们展示呢？她的思维是如何与儿童发展理论建立联系的呢？又是如何与艺术的和创造性的发展建立联系的呢？她的画与她所知道的或所经历过的其他事情有联系吗？这并不是说最初对儿童画的理解不正确，而是说它并非是评价儿童作品唯一有效的方法。复杂的思考促使教师同时从多重视角去评价儿童的作品，为接下来的行动开启更多可能性，或者只是让我们意识到在做出决定之前，有必要进行进一步的观察。

德布·柯蒂斯和玛吉·卡特（2000）建议从三个角度去考察儿童的游戏：儿童的故事、学习与发展的故事、教师的故事。也许在你所受的专业训练中，你被鼓励经常去寻找在吸引儿童的活动中所发生的学习与发展。然而，正如柯蒂斯和卡特所指出的，为了掌握全面情况，对所有的观点（包括教师的观点）进行考虑是很重要的。对于你所看到的东西，什么让你激动、困惑或高兴了呢？当我让学生或教师思考他们自己的观点时，我会问："什么让你感到惊奇？你对什么感到好奇？你怎样才能有更多发现？"

至于考虑儿童的观点，你可能会问："为什么这些孩子一直重复这个游戏呢？这个特别的想法中有什么地方让他们着迷呢？他们正在说些什么与此有关的事情呢？与这个游戏情节有关的前经验是什么呢？我可以提供多少种方法让他们展现出所知道的东西呢？"

对思考的思考

对我们自己思考过程的思考（元认知）是一种自我意识层面的练习，也是一个成长的机会，因为它能帮助我们去确认自己的学习风格和求知方式。思考自己的思考过程，并且倾听团队成员对他们自己思考过程的思考，既能让你理解自己在教室里做决定的过程，也能让你理解同事的观点。你有没有发现自己经常从同样的视角走近课程？如果是，也许这个领域就有让你成长和实验的空间。也许你羡慕同事具备从许多角度去看一个情境的能力，你能向她学习吗？你是如何做决定的？对这些问题进行思考的过程，会让你对自己的教学有更强的自我意识。

解决实际问题

知识建构本身是一件有趣的事情，但是如果我们不把它应用到我们的工作中去，它就没有多少实际用处。任何教师团队都会对其所见到的行为想出不同的含义和不同的回应方式。处理差异性要求教师能够识别模式，组织自己的思维，建立联系，选择回应的方式。在这个选择过程中，教师必须考虑所有的可能性，在特定儿童群体所发生行为的背景之中权衡各种可能性的大小，尽可能利用他们拥有的资源做出最好的选择。

教师通常会为没有足够的材料、钱或时间去做他们想在班级里做的事情而叹息。你必须记住的一点是，作为教师你本身就是最大的资源。在孩子们工作的时候支持他们，用你的创意去创设一个有趣的环境，这是你最重要的两个角色。把你的想法付诸实施需要技巧、时间和反思，但是能够做到这一点，就是让有趣的事情在幼儿园课程中发生。

寻找反思的时间

要思考上面提出的所有问题，还要对许多选择和观点进行思考，这使得反思的过程似乎很花费时间。如何才能把反思过程融入幼儿园忙碌的一天之中呢？这种思考当然花费时间。理想地说，教师每周应该有一个小时以上的时间与同事进行对话。有些幼儿园为教师提供课堂之外进行计划或反思的时间。然而，要专门提供别的时间进行反思通常是有困难的，许多幼儿园园长根本无法这样做。另外一些幼儿园要求教师定期在下班之后开会，或者鼓励团队成员在幼儿午睡期间一起思考问题，而不是优先去做更多的常规任务。再有，不是所有的人会把这类时间或支持纳入工作生活。这里还有一些方法可以让教师把反思性实践变成其日常工作的一部分：

- **拍许多数码照片**。如果你自己没有时间，请别人帮你拍一些幼儿参与游戏活动时的照片。照片可以聚焦于幼儿专注地使用材料、重新安排环境、与同伴进行协商、进行独自游戏等，而不一定要等待机会去拍一张"完美的照片"或"可爱"的照片。之后，当你重新浏览这些照片的时候，你有可能从中找出2、3张能打动你的照片。到底是什么让你对照片里即将发生的事情产生兴趣呢？什么是让你意想不到或困惑的事情呢？什么是令你高兴的事？是否发生了你希望进一步去了解的事情呢？那件事情让你惊讶吗？与你的团队（你不需要通过开会来做这件事情，它可以是非正式的）和幼儿本人一起分享照片。关于这些照片，他们说了些什么？孩子们会非常清楚地表述他们自己的工作，喜欢说那个时候他们在想什么？早上、当天晚些时候，或者午睡醒来以后，都是与孩子们一起重温做过的事情的好时机，这些时间可用来进行安静的谈话（如果有录音机的话可以打开来进行录音，或记笔记）。

- **在教师会议中留出时间讨论幼儿的作品**。在爱默生学校，每周的教师会议都留出大部分时间去讨论幼儿的作品。教师们一起分享书面的轶事记录，细细品味照片和选取的一些幼儿表征作品。他们的关于"儿童正在做什么"的问题，有助于教师们一起思考，使讨论变得深入和活跃。教师们试图将讨论聚焦在发现幼儿的想法和意图上，以及幼儿在生活经验与游戏之间所建立的联系上。

- **制作记录展示板**。在午睡时间，或者在家里，你可以制作一些小的、可以贴在教室外面的展板给其他教师和家长看。要确保在展板中留出空间，让他们把问题和想法写下来。如果没有时间进行对话，看其他人写下的问题，可能有助于你以新的方式去思考。

维持反思性实践

如果你渴望对自己的想法进行思考，并希望与他人一起讨论这些想法，你就要去寻找志同道合的人，定期一起思考问题和交谈。抛出想法来讨论对大多数教师都是有吸引力的，伴随着这种头脑风暴、观点分享和有趣的互动，会出现一些新的、创造性的方法，供教师去思考幼儿正在做什么，去发现如果不这样讨论可能会被忽视的幼儿作品中的含义。

你可以做一些具体的、实际的事情，目的是吸引其他教师参与讨论和反思。这些事情包括：组建一个讨论小组、寻找一位导师或同伴教练、运用技术进行远距离联系和记日志。

组建一个工作以外的群体

如果你的工作场所中无法安排与同事一起进行讨论和思考的时间；如果你是独自一人带班；如果没有一个同事有兴趣与你一起探究生成课程，那么你可以考虑（或开始）加入一个工作之外的群体。

在这里，我简单介绍一下生成课程的合作是如何开始的。2007年，新罕布什尔州的康科德市的一群教育工作者意识到他们需要有一起讨论的时间。他们当中有的人使用生成课程的方法已经有一段时间了，有的人刚刚开始研究用这种方法来回应幼儿。这里还包括一些正在幼教机构学习和练习这种方法的实习生，他们需要与经验更丰富的同行进行对话以促进自身的专业成长。

作为他们的实习协调员，我可以让学生、他们的实习指导教师和其他感兴趣的人（例如教授和园长）一起坐下来，每月进行一次讨论。讨论在非正式的、支持性的和对话性的基调中进行。目的是通过一起思考和参与关于课程的对话，提供相互间支持。我们每次碰头时，会有2到3人分享他们的工作。需要指出的很重要的一点是，他们不仅分享已取得的成功，同时还分享自己所付出的努力。许多人还带来了亟待解决的问题。我们没有试着圆满地回答这些问题，而是提供一些解决问题的思路，建议他们去收集更多信息，以新的方式思考问题，或换一种方法去尝试等。

例如，丽娜给小组带来幼儿迷上赛车的故事。她知道班上许多孩子的父母亲是狂热的赛车迷，会带孩子去观看附近举行的赛车比赛。她班上的孩子大多5岁了，能运用复杂的词汇谈论这个主题，知道著名赛车手的名字和他们的号码，也在电视上观看过比赛。看到孩子们对制造赛车非常感兴趣，丽娜想要为此提供一些机会。我们建议她提供非常开放的材料。但是每个参与讨论的人也想在更深的层面上去谈论这个话题。到底是速度还是比赛引发了幼儿对赛车的兴趣呢？家长参与一种爱好的活动或运动，会如何对幼儿产生影响？这些幼儿在这个主题上的知识面已经很广泛了，能用什么方法深入地鹰架他们的活动？家长能否介入其中呢？丽娜离开时带走的不是打算去做的事情清单，而是带走了更多需要思索的问题，以及需要观察和搞清楚的事情。她对此非常开心，之后有报道说她感到有挑战性，在她看来这是一件积极的事情。

寻找一名导师

导师是一个通过建议、培养、示范和帮助让你进步的人。找到一个这样的人就能为个人的成长创造巨大的机会。

　　也许在你的共同体中就有这样的人，甚至就在你自己的单位里，让你对他的工作很钦佩的人可以成为你的导师。有时候，我们可以通过参加会议、工作坊或以更为偶然的方式找到这样的人。如果与专业人士交谈后，你能感受到在哲学、观念或方法上与他有共鸣，那就与那个人保持联络！如果这个人是本地人，询问他能否每月在咖啡馆或在他的园所聚会一次，探讨想法，分享经验。对于那些很忙碌的专业人士，如果彼此居住的距离又不是很近，用电子邮件进行联系也不失为一种好的选择。下面的信息是我以前的一位学生发的，她现在是幼儿园专任教师。我曾指导过她好多年，但自从我搬离她所居住的那个区域后，我们就通过电子邮件保持联络。

　　　　嗨！苏珊。我想让您知道，我已经换工作了。他们希望我在教室里做的那些事情我做不到，因为我觉得那些事情不对劲。我感到非常受挫！但您一直告诫我要试着找到"适合"自己的工作，现在我已经找到了一份这样的工作！目前我在一个完全不同的幼儿园工作，和我共事的主班老师是一位了不起的人。我们的观点相同，与她相处我真的感到很舒服。我为自己的改变而高兴，我会随时向您通报我的情况。

　　这位教师想起了在大学时学到的一些东西（寻找适合自己的工作），就其职业的变动事宜选择与我保持联络，因为她知道我关心这件事情，会鼓励她这么做，尽管我在遥远的地方。你可能知道某人多年来一直给你好的建议，充当你的参谋，鼓励你去尝试新的事物（要不然就鼓励你后退，做一个深呼吸！）。导师对我们来说是重要的，为了认真地把生活和职业生涯中的重要变化想清楚，专业人员需要有一个有共鸣的人。有时候导师能够帮助我们把这些事情看得更清晰，有时候只要能够一起谈谈，就能帮我们自己去做出决定。

寻找一名同行教练

在别的班级里有没有让你觉得谈得来的，也喜欢探索想法、讨论自己工作的教师呢？如果有，你就有机会跟他结成伙伴，在午餐时间或下班之后与他一起进行非正式地聊天。这样的人可以成为你想法的倾听者和教练。由于不在同一个班工作，他可以通过反馈给你提供不同的观点。也许在你自己的团队里，也有整天都能进行非正式的讨论的人。这会让人产生不是在工作的感觉。但是，利兹·罗杰斯，佛蒙特州伯灵顿的一名经验丰富的教师解释道：教师之间进行这样的谈话，对你的班级来说是难能可贵的。

作为教师，我们的愿景是在职场内外分享我们的教学之旅。每天，我们利用教师会议和制订计划的时间交流故事，而且还在幼儿间、在社区的家庭间交流故事。尽管多年来在班级之外的会议中，我们重视彼此独特而有见地的贡献，但是我们注意到，在班级之中，作为一个教师团队，我们却没有利用彼此的观点和专业知识。

我们想改变独自教学和纯粹依靠个人技能和知识的这种倾向。于是，我们同意在工作的时候，刻意努力地创造交谈的机会。从某种程度上说，这种努力是容易做到的：询问配班老师周末过得怎么样，分享一个关于游戏情境的故事，边喝咖啡边聊对一件幼儿黏土作品的喜爱，提出要为与一组幼儿一起活动的配班老师随手记一份观察笔记。这也意味着你们对彼此的工作热情感兴趣，鼓励彼此分享有意义的在校生活。

例如，通过交谈，我们鼓励西沃恩做出决定，发挥其对戏剧和舞蹈的兴趣，利用周六上午时间给孩子们上舞蹈课。尽管从严格意义上说，周六的舞蹈课超出了我们正常的工作时间，接收的幼儿也超出了在我们机构登记的幼儿范围，但从几个方面看，开设这个舞蹈课对我们社区有好处。当孩子们跳舞的时候，父母在喝咖啡和交谈。新的即将入学的幼儿有机会与幼儿园建立联系，并在其中探索，这让他们感到对幼儿园环境熟悉了，使其在入学时就已经有了一种归属感，减轻他们的入园焦虑。舞蹈课对西沃恩和孩子们都是有意义的，孩子们正在感受和分享着她的热情。

就我们共同的价值观——在学校里营造家一般的感觉，与配班教师进行长谈，这鼓励我的另外一名配班老师詹森将我们的"餐桌"设想付诸现实，从中我们分享到了他对木工的热爱。教师们想要一个舒服的、熟悉的地方，可以和共同体中的人一起坐坐，而詹森带领孩子们一起帮大家做了这张桌子。现在，桌子已经在这里放了好几年了，那里成了我们学校中颇受大家喜爱的一个中心。

我们知道选择在教学时间进行讨论是复杂的，需要持续的练习，需要认真考虑要承担的风险。你要改掉为了感觉像一个成功、能干的教师而事事亲力亲为的习惯，这需要个人付出艰难的努力。在有需要的时候就请求别人帮助是有挑战性的，尽管这让我感到自己很脆弱。同样有挑战性的是，要弄清楚怎样才能做到不要说得太多，知道什么时候不要发表自己的意见。

我需要与配班教师保持合拍，这样我们才能达成很好的平衡。不要感到是面对别人的帮助，也不要用帮助的心态去面对别人，这都需要持续周全的练习。确切地说，我们需要相互支持，并在对方需要时在场。

要发展彼此倾听的能力是需要付出努力的，认识到每个教师的观点都反映了我们在幼儿当中的共同工作，哪怕是在这一观点与我们自己的观点有冲突的时刻。要对我们的听力和独特的嗓音进行练习，以确保我们是以连贯而非分离的方式进行教学的。在进行课程规划和项目工作时彼此结成伙伴关系，成为可以相互协商的伙伴，经由他人的参与，并受源于共同经验的意义建构之影响，这在根本上改变了我们个人的教学。要允许我们自己去讨论，在幼儿园的一整天中教师之间的讨论是进行合作教与学的重要一步。

由于欢迎对话，我们选择练习积极地倾听彼此的能力，同时还强化在日常教学中进行合作的技能。允许自己有意地进行交谈，为我们创造了在共同体中结成伙伴的机会，在这里，个体在一个教师和一群孩子之间所做的勇敢尝试（活动和项目），常常为所有人开启了更加整合而丰富的学习经验。

欢迎教师在教室里交谈，这使我们每个人都感到轻松，认可教师作为成人，作为教育者，需要并渴望彼此间有联系和交谈。教师在带班的时候珍视相互间的陪伴，会让幼儿及其家庭看到我们的关系、我们的相互关联、我们的喜悦和彼此扶持，更为重要的是鼓励我们保持童心。

通过在教室里的交谈，利兹和她的同事已经明白要重视彼此的观点，要一起教学而非单打独斗，运用他们共同的经验去建构课程。显然，在这个班里有一种强烈的团队意识，这种意识导致他们彼此间相互信任，为对方所做的工作而高兴。

利用技术

如果你独自一人带班，或者在别人无法分享你探索新方法之热情的情况下，技术可以帮助你与志趣相投的专业人员（不仅是你共同体内的专业人员，而且还可以是全国、全世界的专业人士）建立联系。只要稍加搜索，你就能找到讨论一览表、在线讨论板日志、张贴你自己的工作/项目的空间等链接。如果你对技术相当自信，你可以开自己的博客。像blogger.com或liverjournal.com这样的网站很容易连接，并且是免费的。这些网站提供了一个与家长、学生和其他感兴趣的社团分享你的工作和开展讨论的机会。是否允许别人访问博客是受博主（你）控制的，你自己可以选择花多少时间去写博客。

搜索在线的团体和日志时，作为一名教师，你有必要花一些时间去寻找与你的哲学观和教师发展阶段相匹配的东西，同时要确保网站是真正专业和有良好声誉的。你可能会发现像journeyintoearlychildhood.weebly.com这样的博客非常有用，因为它包含了对几个学前班教室中开展的探究式项目的反思。

记日志

对教室里所发生的事情进行反思的另一种方法是记日志。人们将自己的想法写在日志里已经有数百年的历史了。日志可以是私人的也可以是共享的，但它总是能激发人们去思考。当我们阅读过去记录的内容时，日志向我们展示了自己的成长。有时，把想法记下来的简单行为，就能帮助我们更清晰地进行思考。出于这个原因，许多幼儿园要求实习教师定期记日志。尽管每个学校写日志的方法和目的有差异，但它们有一个共同的目标：培养反思性实践者。下面的例子来自一名实习教师的日志。特丽莎是一名成人教育学生，已经从事幼教工作好几年了，同时她还在读夜校。这篇反思是对她所在班级的数学课作业做出的回应。

　　数学是有趣的和可以通过日常活动来学习的，这对我而言是一个新的观念。在我幼年时期，数学是要记忆的东西，学习数学的唯一方法就是做练习题。而我意识到学习数学已经变得更容易了，部分缘于开放性操作材料的运用。结果像认识数字、形状、计数和模式等数学概念不再需要强行记忆，它们可以通过经验获得。即便我已经知道数学是一门可以更多地依靠亲手操作的学科，但我认为自己还是低估了孩子们探究数学的能力。作为一名教师，我过去的期望是，如果5、6岁孩子能够死记硬背地数数或认识数字，如果他们具有一些解决问题的能力，他们就已经获得"必备技能"了。

　　但是，随着我接触到更多的信息和批判性思维，我对儿童是如何建构自己的数学知识这个问题的看法已经发生改变。现在，我认识到儿童是通过用环境做实验、对材料进行探索、与成人和其他幼儿的互动，以及他们自己的观察，去建构自己的知识的。通过阅读课本和文章、开展数学活动和进行对话任务，我能够更好地去理解数学教学中的一些发展性实践，其中一个例子就是与孩子们一起运用日历上的常规活动。看到每个教室都在用日历，我一直认为它就是常态的和适宜的东西。我从未想过，幼儿不能完全理解像时间那样的抽象概念。现在，我意识到，如果我考虑幼儿的发展，更多地考虑幼儿的观点，那么我就能把日历上的常规活动开展得更好。我要想办法让时间的利用对幼儿有意义，否则就不要搞这样的活动。另一方面，我学到的是，在数学教学中倾听、观察以及与幼儿互动很重要。数学对话活动告诉我，有价值的观察是如何让我们变成一名更有影响力的教师的。

我确实认为，作为一名教师我一直在向幼儿学习。我意识到每年我都在尝试一些新的东西。这可能源于我对幼儿与材料互动的观察，或源于我自己对材料有没有用的经验。这个过程是重要的，因为它赋予我做出改变的权力，不只是作为一名教师，而且还作为一名学习者。我也意识到，阅读影响了我思考数学的方式，帮助我产生新想法和新方法。于是，我计划继续在日常活动中运用数学，使之成为课堂常规、转换环节和日常谈话的一部分，充分利用观察去确定幼儿对数学概念的理解。

> **数学对话任务**
>
> 儿童用许多"语言"去表达自己的想法，包括他们是如何使用材料的，以及对他们正在用这些材料所做的事情说了些什么。
>
> 在这个任务中，要求课程班的学生对在教室的几个活动区中做游戏的幼儿进行观察，尤其要注意任何自发产生的数学概念。如果有可能，学生们要进入其中与幼儿进行对话，询问他们正在做什么，试着通过真实的对话理解他们的思维，将注意力集中在听而不是问问题上面。
>
> 谈话结束后，要求学生们对所说的话进行反思。根据他们已经了解到的幼儿的数学理解能力，设计一个活动或邀请以做出回应。这个活动可以以小组、大组或个体的方式进行。
>
> 学生的任务还包括要求他们说出自己提供这个活动的依据。

在特丽莎的回应中，她不仅对自己的前知识和幼儿的经验进行了反思，而且对自己从课堂、阅读和所完成的任务中学到的东西进行了反思。她还审视了自己对教数学的看法和教学方法上的转变。除了对发生的改变进行思考外，她还思考了这种改变是如何发生的，或她的"哇"时刻是如何发生改变的。在反思日历上的常规活动中，特丽莎审视了：起初是什么导致她做这个活动的，她所接触的改变了她想法的信息，以及以后她可能会如何处理这些问题。这就是卡萝尔·安妮·威恩所谓的"支点"（Wien, 1995，53）。这样的时刻就是典型的反思性实践——一名教师认识到让自己纠结、困惑，以及不奏效的方法，对这种让自己纠结的事情进行深入思考，直到新方法越来越明朗。

教师发展与反思性实践

正如我们知道的那样，反思性教师不是在真空中发展的，而是在情境中发展起来的，一种他们感受到支持和能够跟有同样想法的人讨论自己所付出的努力的情境，一种重视他们认真地考虑幼儿行为的情境。要养成反思性思考的习惯，就要把所有的观点都考虑进去，因而教师不会在一夜之间或在孤立无援的情况下，瞬间受到启发或产生创意。

与我一起工作的教师和学生们已经经历了一系列可以预见的阶段，目的是要在反思性实践中达到一种让人舒适的水平，但是在这些阶段中，他们需要得到的支持水平是不同的。一般地说，新教师或新进入生成课程实践的教师是从对"儿童正在用材料做什么或相互在一起做什么？"这种很具体的观察开始的。在这个阶段，教师们常常对自己确切地要寻找什么没有把握，所以他们的注意力集中在那些立即显现出来的东西上面。这种做法的弊端，是在忙碌的幼儿园环境中进行观察时，有太多的东西需要去回应。

久而久之，教师们学会了精细观察，通过倾听儿童的谈话，思考他们的想法，试图对他们的想法和行为都进行回应。在这个阶段，观察趋于更抽象，因为教师开始在孩子们之前做过的事情、说过的话与他们的前知识之间建立联系。有时候，如果这个教师有经验，他可能会拿当前的情境与以前的经验进行比较，他也许能利用自己储备的技能和回应方式。当教师发展到反思性实践阶段，通过对话或进一步的教育，他也许能够对幼儿的潜在意图获得一定的理解。我们变得越老练，就越愿意去形成假设——这就是说，对"儿童身上发生的事情"和"对此我们可以做些什么"做出教育上的猜想。

一旦花费时间做这种练习，就算发现我们对某事的理解是完全错误的，需要后退一步以便重新评估，也不那么吓人了。我们开始把这种练习看作一种学习，从这里开始成长。最后，反思性教师能够（从他们的问题和通过观察收集的资料开始）创建一个研究者的角色，在第7章我们将讨论教师的这个角色。

但在此刻，这个教师需要哪一种支持以发挥他们的全部潜力呢？在许多幼儿园，园长充当了支持者、导师、促进者和教练的角色。对于那些有财力的机构，可以聘请一名课程协调员或顾问，这个人可以以挑战者或导师的角色与反思性教师一起工作。无论这个人是谁，他必须对教师个人的学习风格、每个教师所处的发展阶段和可以组织利用的资源很敏感。在追随教师成长的旅程中，他有时充当啦啦队队长，有时充当教练，为教师们提供符合其需要的支持。当然，不同的团队需要不同的鼓励。但是有些鼓励是共同需要的：需要有时间交谈，需要有材料做记录，需要支持新加入团队的教师做决定，需要对教师们正在做的事情是否有效进行确认。

文中附录的图表描述的是儿童与家庭发展中心的教师在反思性实践中所做的工作。这是一个非常特殊的例子，所以你也许不能完全照搬。举个例子说，你会看到有那么一阵子我们使用了录像，但你手头上可能没有录像机。你可以通过记笔记和拍照的方法来记录，让教师们在以后讨论时可以用到你的观察记录。

从左到右和从上到下地阅读，你可以看到在教师成长的每个阶段，都有一个以支持性角色的形式做出的回应。

反思性实践：在NHTI儿童与家庭发展中心成长为有经验教师的过程	
教师的成长	支持性角色（负责人）
（始于对课程来自幼儿这种观念的认可）	（始于教师作为研究者需要支持的观念）
具体的观察绝大多数与幼儿如何使用物体有关，还与他们的发展有关。	受到由柯蒂斯和卡特归纳的三个观点的提示：整体情况是什么？我们如何才能拓宽视野？你对什么感到惊奇？改变记笔记的格式。
观察过程和人，始于注意儿童的思维及其所做的联系。思考转向稍微更抽象的东西。	随机在教室里进行录像有助于教师放慢脚步，看到整体情况，看到背景，并有时间去思考这些东西。 问题：你能对游戏进行命名吗？游戏的情节是什么？
观察，然后对游戏进行命名，做出教育上的推论（Jones and Reynolds, 1992）。	卸下写作计划方面的压力，创造用来谈话的时间。 问题：这个观察让你想到了哪一个理论家。
观察，有时间进行反思和交流，讲故事，试图理解儿童的推理。把焦点转移到记录展板上；现在试着让想法可视化。	继续拍摄录像，列席会议，目的是帮助教师们抓住想法（交流中表现出来的），并充当书记员。
角色演变：教师作为研究者	角色演变：园长作为促进者

教师的声音:"哇"时刻和转折点

邀请其他教师一起思考已经成为康科德生成课程协作小组中一些教师的宝贵经历。这里,我们来看看当罗莉的团队因"小狗"这一持续的游戏想法而困惑甚至还有点恼怒时,会发生什么事情。

由于某种原因,幼儿喜欢去扮演动物宝宝,尤其是小狗和小猫。争着喵喵叫和汪汪叫,在地板上乱爬,抢狗的皮带、狗窝和宠物床。这是一个在幼儿园反复出现的游戏主题。在儿童与家庭发展中心的学前班,当这个游戏想法再次出现时,教师进行了观察。班上的大部分孩子都会加入这个游戏,教室里充满了孩子们发出的汪汪声和狂吠声,这是"它们"四处爬行和照顾自己"宠物"时发出声音。在跟其他教师一起讨论这个游戏时,罗莉表达了她的担忧。她想要支持孩子们的游戏,但她也看到,几天来,孩子们有时在使用无法辨认的语言,对此她很担心。此外,教师们都感到教室太无序了。下面,我们可以从罗莉的话中去看发生了什么事情。

> 严格说来,这个话题始于小狗游戏。教师意识到自己因小狗游戏而感到沮丧:它让教室变得无序,不同于玩复杂游戏,这个游戏看上去过于简单和重复。但同时,由于它的反复出现的属性和孩子们的深度参与,使我们意识到这样的游戏对孩子们来说是重要的。
>
> 在寻找方向时,我们决定把这个问题带到生成课程协作小组中,与那些没有深陷其中的同事进行讨论。作为一个团队,我们真的不是在寻找围绕小狗的课程设想,也不是想阻止幼儿的游戏,我们是在寻找"为什么要扮演小狗"这个问题背后更深层次的意义。

我就团队成员对这个游戏的感受进行解释之后，我们从小组中收到了如下的回应/想法：

- 戏剧游戏的作用是什么？我们是否允许戏剧游戏有各种各样的主题，还是要对各种主题进行限制？
- 小狗有语言吗？孩子们是在交流吗？
- 也许应该鼓励孩子们把小狗的故事讲出来。
- 也许小狗游戏显现出了孩子们对抚养的想法。
- 教师的恼怒是真实的，不要忽略它。也许团队成员可以思考一下恼怒源于哪里？是不是与当时发生的情况有关？是不是来自对环境缺少控制的感觉？
- 也许记日志会有帮助。游戏有没有变化？什么情况下教师会产生恼怒的感觉？
- 狗在社会上扮演的是什么角色？在我们的文化中扮演什么角色？扮演狗让孩子变得被动了吗？变得主动了吗？还是让他们避免了承担责任？
- 吵闹是会传染的，并变得难以管理。因此要对这种情况进行研究，而不是忽视它。

在集体反思过程中产生了许多想法，甚至使问题变得更多。我有些不知所措了，好像头脑被塞得满满的！但是，我也恢复了活力，因为在回应中，我们的同事已经提供了寻找答案的线索。

在这个案例中，我们可以看到，大家一起思考那些由大组提出的问题，如何让团队去思考更多的问题，如何给团队提供了一个从不同角度对该情境进行研究的机会。在第5章，我们将会看到该团队是如何根据他们的反思过程做出回应的。

在思考与他人一起讨论自己的工作时，罗莉说：

我认为每一个团队都需要有一个挑战者——某个人，或者一群人，愿意鼓励团队用他们的思想去冒险，鼓励团队提供一个新的观点，然后鼓励教师们向前走。团队成员需要有被认可的感觉。

如果有一位团队领袖在场，那么这位领袖一定愿意释放自我，允许每个教师有机会去感受所有权、目标感和成功感。

"挑战者"这个术语不常被用于早期教育或早期教育者身上。但是，如果把挑战看成是一些能引起回应的东西，那么罗莉所说的挑战者可以推动你更深入地进行思考。有的人可以通过问有趣的问题，驱使你认真地或以不同的方式去思考。或者他的观点与你相左，因而会激发一场现场讨论。有时候挑战者可能会提供自己对某件事的看法，你可能选择不同意他的观点。讨论（还有争辩！）是让我们更努力地思考和让我们的思维超越平常束缚的好工具。他们可以产生非常有创意的想法和顿悟时刻，让我们通过一个新想法而感到受启发，因尝试一种新方法而感到激动。

挑战者可以是你的园长，可以是一名同事教师、一位教授，或是其他导师。如果在你的生活中有某个人喜欢与你讨论或争论，那这个人就可以成为你的挑战者。重视这个人，他或她也许能把你的思维带到一个更高的水平。

儿童的声音：放慢速度

要成为有反思意识的人，教师不仅需要对自己的实践进行反思，而且也要对幼儿的想法进行反思。有时候孩子们的想法容易被我们错过或置之不理。如果我们花一些时间去思考或试着去理解幼儿的想法，令人惊奇的事情就会发生。

在普渡大学实验学校的3-4岁幼儿的班级里，教师观察到有几个幼儿对鸟着迷。他们用双目望远镜透过大大的窗户观察，在冬天操场上光秃秃的树上栖息着种类繁多的鸟类。孩子们产生了好多疑问，也有持续的兴趣。于是，教师们与孩子们合作对鸟儿进行了深入的研究。他们从大学校园里请来专家，一起分享关于鸟的知识，给孩子们提供了做研究的资源。所有这些都进行得很好，孩子们也很投入，突然一个孩子的行为戏剧性地改变了项目的进程。而这一切几乎没有被察觉。

在游戏中，5岁的利亚姆在美工区找到了一团绳子，他请实习老师一起来到室外的小屋。一走到那里，他就要求实习老师帮助他把绳的一端系在离地面很高的墙上。虽然乐意效劳，实习教师还是不清楚在利亚姆的头脑中接下去要做什么。当她问及"做这些是干什么用呢？"时，他还不能清楚地把自己的想法说出来。实习老师继续帮他系绳子，然后利亚姆请她继续将越变越长的绳子系在屋子的四周。当然，这也激发了其他孩子的兴趣，连教师也被吸引了。

那时候，我是这个班的主班老师。观察了一会儿之后，我与利亚姆进行了一次交谈。我不是问他正在做什么，而是问他

"你正在想什么？"目的是想了解他头脑中所想的东西。利亚姆回应道："这是飞行航道。"

孩子们离园后，该班的教师简短地碰了个头，对接下去将会发生的事情进行反思。我们意识到需要更多地去了解利亚姆的想法和他的前经验。5岁的孩子是怎么知道飞行航道的呢？他是不是对飞机有特别的兴趣？其他孩子呢？他们的确对在房间的四周缠绳子感兴趣。这是他们唯一感兴趣的事情吗？或者说他们对利亚姆在干什么是否知道呢？我们没有匆忙地制订第二天的计划，而是决定先接触一下利亚姆的父母，在做出任何决定之前，先要进行深入观察。

第二天，我们与利亚姆的父亲进行了交谈，他解释说，利亚姆经常与父母一起坐飞机去全国各地，当他感到无聊的时候，他们常常一起阅读飞机上的杂志。这些杂志的最后一页有这家航空公司飞往世界各地的航道的图示说明。沿着这些航道看看飞机最终到达什么地方，就成了利亚姆熟悉的一个经验。哇！

尽管我们已经破解了利亚姆的前知识之谜，但是我们还是没有对环境或计划活动做出改变。几天来，作为一个团队，我们对其他孩子是如何加入这个活动的进行了观察和讨论。现在，许多孩子都在教室四周缠绳子，直到看上去像一个巨大的蜘蛛网。有一个小组的幼儿把对鸟的兴趣也整合进去了：他们用纸做成小鸟并将它系在绳子上，沿着房间四周的航道拖来拖去。其他幼儿开始讨论飞机要飞行还需要什么东西。听到孩子们关于这个问题的见解（包括许多误解），并与他们进一步对话之后，现在教育工作者有了足够的信息去着手制订计划。我们决定稍微改变一下主题，目的是把孩子们的注意力更多地集中在飞行过程而不是小鸟上，进而提供诸如制作飞行器、探索使用风扇的效果等机会。这样，飞行项目就诞生了。

回顾这个项目，我们意识到继续进行鸟的研究可能会容易些。但是，利亚姆的一个很小的行为，事实上允许他将绳子系在房间四周1.22米高的墙上（这意味着与成人有许多牵连），而其他幼儿都参与到这个活动中去，促使教师重新思考我们的方向。他的行为引发了其他幼儿的参与，而其他幼儿的参与又促使教师朝新的方向去思考。如果不允许他去展现自己的经验与教室中的工作之间的联系，如果没有花时间对他的想法和提问进行反思，那么飞行项目和伴随着这个项目所进行的学习就不会发生。

回顾这个飞行项目，教师们后来重申对这项工作做决定过程中的关键因素是：关注每个孩子的行为，其他孩子的回应，以及教职员工之间的讨论。

既然你在思考（可能想的不一样）自己对幼儿的想法可能做出什么回应，那么该去制订计划并采取行动了。在下一章，我们不是用书面语描述可能的行动，而是讨论可能性。就像许多有创意的行为一样，在任何课堂情景中，接下去将会发生什么取决于之前发生了什么，以及是如何发生的。因而，我们在制订下一步计划时，要看一下有几种可能性。

5

第 5 章 从反思到课程

想象一下，你和你的团队在某个星期中已经收集了一小叠书面的轶事记录、几个叙事故事和一些孩子们的活动照片。你还收集了几个幼儿作品的样本：他们的绘画作品，加上模型和其他手工作品。你把所有这些东西都带到小组会议上来，你还有一段时间可以对游戏及游戏可能意味着什么进行深入思考。现在该怎么办呢？是到了该认真思考你所看见的和所理解（或不理解）的东西，思考如何运用课程对此进行回应的时候了。如果你从来没有用这种方式进行计划，那从反思所观察到的东西中创生课程的感觉就像从悬崖峭壁上滑下来一样，你不知道自己会跌落到什么地方。你要做的不是对此感到紧张，而是要把这种不平衡当作是件好事来对待！因为它促使教师更认真地思考，变得更有创造性，并尝试着与别人合作——不仅与团队内的教师合作，而且还要与幼儿合作。

在与同事一起反思之后，教师们可以采取如下几个途径对他们所看到的和听到的东西进行回应：

- 他们可以设计一些邀请或一个挑战，以进一步探索幼儿在某一主题上的兴趣。
- 他们可以用额外的材料来准备环境，以支持幼儿的游戏。
- 他们可以把幼儿带到校外的环境中去。
- 他们可以邀请一位"专家"来幼儿园访问，并与幼儿交谈。

团队也需要考虑如何对幼儿进行分组，以顺应所观察到的幼儿之兴趣。多少孩子对该主题或游戏想法感兴趣呢？即便极少出现全班幼儿有一个共同的兴趣，也不应该阻止教师行动。把幼儿分成小组、大组或个体，分别可以调查哪些主题呢？我们如何去组织各组幼儿，不仅对课程如何生成会产生非常大的影响，也会对这个主题所涉及的内容产生影响。

最后，本章还阐述了事先进行计划和对计划进行记录等问题。当教师打算在观察幼儿游戏的基础上制订计划时，写计划总是一个挑战，但这又是必要的。因为有了计划，家长、管理者、监管者和其他人就可以看到教师在工作中的思考过程。在本章，你将看到CFDC的一个制订中的计划，并探索一些让你的课程计划工作可视化的方法。

挑战[①]和邀请

一旦你花时间去观察和反思，那么将你的想法付诸行动的时候就到了。观察和反思之后，你就可以决定是打算策划一个回应还是做进一步

[①] "Provocation"，原文是"挑衅"的意思，翻译成中文是"挑战"。这个词经瑞吉欧教育首用后，越来越多地被建构主义和进步主义教育流派使用。它主要是指在儿童主动学习框架下教师的一个教学策略。在环境设置中由教师设计提供与儿童呼应的、有针对性的激发材料或激发活动。——译者注

的观察。一个可以用来做决定的方法是：向幼儿发出一个挑战或一系列邀请，然后观察他们的反应。

挑战可以被描述成一个有可能引起反击的行动或问题。在我们的社会中，这个词隐隐透着一点消极的色彩。但在教学中，我们可以把挑战看作"仔细聆听幼儿，并构想出可以激发进一步思考和行动的方法"（Fraser and Gestwicki, 2002, 11）。邀请是一种去试探幼儿有多大兴趣的方法，是一种研究活动朝哪个方向走的方法。一个邀请可能是一组能吸引幼儿兴趣的材料，是学习区新添置的某件东西，是邀请幼儿动手探索的一件展示品，或是图书馆中与该主题有关的藏书。

卡萝尔·安妮·威恩提出，挑战是"一些我们不能忽视、必须对其进行回应的东西"（C. A. Wien, pers. comm.）。反之，邀请则既可以被人接受，也可以不被接受。你如何安排活动、材料将划定它们是邀请还是挑战。邀请性材料是为游戏而创设的，它们有可能会引起幼儿的探索和讨论，也可能会被忽视。但某种挑战（与教师讨论中产生的，可能是一个需要幼儿通过行动去解决的问题）更难以忽视，它更有可能激发一种回应。

提供一个邀请或挑战是我们能够更多地发现幼儿思维的一种方法。幼儿怎样对材料做出回应，会给教师提供接下来该怎么做的信息。无论你是独自行动还是与同事一起行动，一旦你通过反思为自己厘清"幼儿正在参与的事情是什么，他们试图弄清楚什么"，你的计划就会变得更容易些。

思考下面这些例子：

仔细检查

莫妮卡是一名在儿童与家庭发展中心（CFDC）托班实习的教师，她注意到所有的孩子都对仔细地检查物体和材料很着迷。他们用这种方式对教室里几乎所有的材料进行了考察。为了搞清楚他们的兴趣水平，以及到底是什么促使他们有兴趣去仔细检查的，她为孩子们布置了许多邀请物：漏斗、两端带有彩色玻璃纸的纸筒、已经坏掉但能提供取景器的照相机。她没有特别向孩子们提议如何使用这些材料。相反，她持等待和观望的立场。

孩子们对纸筒表现出特别的兴趣，莫妮卡描述了她是如何注意到这一点的，以及一个多星期来它们是如何被使用的：

我把一些纸筒用胶带捆在一起，同时还提供更大的管子和直径不同的塑料管。当孩子们醒来的时候，我已经把它们放在桌子上了，孩子们总是直接朝它们奔去。但除了透过管子去仔细查看外，他们也将管子放到嘴边和耳朵边，试验声音传递。孩子们的这个表现是意料之外的。有些孩子在堆管子，这给孩子们提供了一种与堆积木完全不同的挑战。这些管子被孩子们玩了一个多星期，直到它们开始破裂……现在，我们知道孩子们可能的探究方式是制造不同的声音，同时还有将它们用作建构材料。

银行游戏

在康科德的一个课外班教室里，晚上学习、白天工作的早期儿童教育专业学生杰西卡观察到孩子们在认真地制作纸钱。

他们没有打算制作硬币。他们想要玩银行游戏。杰西卡在思考如何为孩子们提供支持,她也想知道为什么他们对于硬币没有兴趣。她提供了一些游戏币和真币,包括一些加拿大的硬币,还有取款单和支票来作为邀请物,然后退后观察。

在她关于儿童回应的书面反思中,杰西卡谈到这个游戏是如何超乎自己期望地开展起来了:

孩子们确实喜欢他们的新钱币。两周后,他们继续进行由比萨饼店引发的银行游戏,这样他们就可以使用钱了!最初提出整个银行游戏设想的那个男孩,现在已经学到了一些组织方面的技巧。他有一只箱子,他把所有的东西都放在里面,装有孩子们所开的每个银行账户的标签,他还记录银行的库存现金。他很认真地经营着银行。他告诉我说:"实际上嘛,我必须履行职责——看我是如何使这件事情成为可能的。"孩子们已经学会如何数钱、填写支票、办理贷款;所有的事情都是他们在相互帮助的情况下学会的,很少需要我的帮助,除了向其中一个孩子解释取款条是用来干什么的——后来,他把取款条与曾经看到妈妈在银行里做过的事情联系起来。孩子们甚至懂得银行可能不会接收他们的加拿大元(这种钱在孩子们看来是很酷的,问我可以在什么地方拿到这种钱)。

这样的学生作业给正在接受培训的教育工作者提供了一个体验的机会,看看当我们在环境中增加了邀请时会发生什么。对于尚未展现出来的东西,我们可能没有清晰的想法,但是如果我们愿意放慢脚步花时间去观察孩子们的反应,幼儿就会为我们指明方向。

积木区里的挑战

哈里法克斯朱比利路儿童中心学前班的孩子们已经把教室中两个大区域之间的家具和操作材料都搬走了，以实现在积木区当建筑工人的游戏设想。其中部分的建筑工作包括用起重机将各种材料举起来。经过一番反思之后，教学团队认为孩子们卡在如何让起重机更好地工作上了：由于打的结不够牢，材料经常从绳子中掉下来；有些材料因太重了举不起来。教学团队决定发起一些挑战。一天早上，她们完全改变积木区，给孩子们带来惊喜：一系列滑轮和末端带钩子的绳子被摆放在那里。为了实现自己的起重想法，孩子们不得不去注意这些新的设备。原先的绳子已经被拿走了。没有人忽视这个变化；它是挑战性的，必须对此做出回应。孩子们的确做出回应了——既然材料不一样了，他们别无选择只能以不同的方式使用这个区域。因为借助滑轮，起重机可以在更大的物理空间内进行操作，所以当孩子们意识到，随着游戏延伸至更大的空间范围，组合和举起材料却变得更容易了，这让他们很兴奋。尽管游戏的想法没有做出大的改变，但是现在游戏变得越来越复杂了，似乎这个挑战既促使孩子们更深入地去思考游戏主题，也为实现他们的游戏想法提供了更多的机会。

由教师提供的挑战性设备实现了孩子们想举起东西的需要，对他们学习如何让绳子、滑轮和重物一起工作起到鹰架的作用，并且要求孩子们有所回应。当有人无法跳出尝试事物的老方法时，新的材料可以成为一个强大的刺激，促使人们去尝试新事物。在这个案例中，孩子们很快搞清楚：与滑轮结合在一起的时候，这些绳子可以举起多少重量，这些钩子可以让工作变得有效。而教师学到的是：有经验的帮助者可以向孩子们提供专业知识和新的经验，促使他们用新方法来做事情。

准备环境

你的物理环境是如何支持孩子们通过游戏来学习他们感兴趣的主题呢？瑞吉欧的教育工作者指出，环境是第三位老师（父母是第一位老师，教师是第二位老师）。在《为生活和学习而设计》（*Designs for Living and Learning*）一书中，德布·柯蒂斯和玛吉·卡特指出："孩子们常常提出一些他们希望如何使用材料和空间的想法，在很多情况下这些想法不同于教师最初的预见。"（2003, 55）显然，当我们用邀请性材料（例如，拾得的天然艺术品、零散物品、参考资料）准备环境以回应孩子们的想法时，孩子们会带给我们惊喜。至此，我们需要后退一步做进一步观察，放手让孩子们去操作，看看发生了什么。孩子们往往比我们更有创造力，如果我们保持开放的心态就可以向幼儿学习。

如果教室中的某个特定区域与孩子们的某个想法有联系，那么你可以选择丰富这个区域。如果一大群孩子正在把他们的想法融入教室里的许多区域，那你可能要对整个教室环境都进行改变。让我们来看一些实例。

> **在艺术区做建构**
>
> 在某幼儿园，有个孩子在艺术区开始用回收物品进行小规模的建构。他把想造一个游戏场的想法告诉了教师。在那天稍

晚些时候，教师保证在该区域可以拿到更多的建筑材料（硬纸板、黏土、毛毡、线轴、空的胶卷盒、自然材料，等等）。她还保证在需要的情况下，完成的建构作品可以被移动并保留很长一段时间。她给这个孩子提供了一块很大的硬纸板用于搭建游戏场。经过几天时间，这个孩子建造了一个带有秋千、滑梯和攀爬结构的完整游戏场。在他搭游戏场时，其他孩子来来去去的，尽管他们自己不想建游戏场，但他们在仔细地观察、问问题，并收获了如何使用零散物品的想法，这些想法后来出现在他们自己的建构物中。

到处玩戏剧游戏

有一个大组每天都将整个游戏时间用于在教室的所有区域中进行戏剧游戏。他们的游戏是变化的，没有追随特定的主题，所以教学团队不得不认真地思考如何给予支持。他们决定通过提供更开放的戏剧游戏区，为幼儿提供更多的创造机会。这就是说，不把物理空间创设成是一个家、一间兽医办公室或医院。他们搬走了有明显意图的家具和道具（炉子、床等），取而代之的是大的纸板箱、长长的布、小熊积木（大型木质积木，表面有绒）、床单和许多小的零散物品，例如线轴、枕头和短树枝。现在，因为有了更多可能性，幼儿绝对可以更有效地去扮演他们头脑中想到的任何戏剧游戏。这种变化持续了几周时间，直到孩子们的游戏焦点向其他方向转移。有趣的是，在这种改变期间，孩子们从来没有问过老师，其他的游戏家具到哪里去了。

在这些实例中,每个案例中的教师都是对真实发生的事情做出回应,而不是去设想在教室的传统游戏区域中该发生什么。在各类正在进行的小组项目中,某个孩子的想法常常会被忽略掉。与之相对,小组的游戏想法有时也不会得到教师支持,而是任其自由发展。

当你考虑通过改变环境以回应自己的观察和反思时,不妨问问自己,孩子们是否需要更多的道具才能把他们的想法表现出来,或者是否需要更大的空间或更多的材料才能表征自己的想法。如果答案是肯定的,那么着手改变环境就是一个好的选择。

如果教师以回应幼儿需要的方式去准备环境,他们的教室就不会遵循"如何创设幼儿园教室"的脚本,而是变成为特定的一群儿童或某个孩子打造的环境,以此来支持幼儿的学习和兴趣。这样的教室就充满着各种可能性。

把幼儿带到教室之外去

在观察幼儿的游戏时,你可能注意到了,去一趟工作场所或者去观看某个有特殊技能的人操作,能帮助幼儿澄清误解。当孩子们正在探索教师也不太熟悉的事物,但能在别的地方找到问题答案或加深认识时,就该让幼儿离开教室到更宽广的世界去探究了。这种探究活动可能包括访问另一个班级或另一群孩子,也可以是包括实地考察在内的其他更冒险的活动。下面是教师们带幼儿走出教室去探究一个想法的两个实例。

婴儿

儿童与家庭发展中心（CFDC）学前班的幼儿对婴儿着迷。当小年龄的孩子来拜访学前班的哥哥姐姐时，大年龄的孩子马上会改变说话方式，用父母语（这是一种父母或照顾者对小孩子说话的方式。——译者注）说话，这种自然的、唱歌般的讲话方式对婴儿是如此有吸引力。这引起了学前班教师的兴趣，她们给孩子们提供讨论的机会，探讨婴儿是如何学会讲话的，问了一些诸如"你是如何学会讲话的？"和"当我们说话的时候，婴儿有没有在模仿我们呢？"的问题。还提供机会让他们定期去婴儿班，与婴儿进行互动——是以后深入研究交流沟通的一个前奏。

在学校里露营

哈里法克斯市大学儿童中心的一名孩子自发带来了一个睡袋，这样，一个值得整个夏天都开展的游戏和学习开始了。当时担任课程协调员的凯西·拉莫斯讲述了所发生的事情：

孩子们这时想要去露营。我们与孩子们一起进行了一次集体讨论会，讨论他们已经知道的东西和他们想要知道的东西。之后，教师讨论了如何参与到孩子们的活动中去，以扩展孩子们的这种兴趣。不久以后，在教室的一角出现了一个露营地。这里有带睡袋的帐篷、用户外地毯做的草地、用餐巾纸做的篝火（红色、黄色和橙色，因为你需要用所有这些颜色来做火），还有一些木块。我们在一元商店里买了露营用的帽子和灯笼，从一家百货商店买了一些不是很贵的露营餐具。由于教室里没

有格子桌布，而孩子们坚持说我们
需要有一块这样的桌布，于是他们
采用在白纸上画正方形并涂满颜色
的方法做了一块"桌布"。最大的挑
战是如何在晚上进行露营，因为这
是孩子们想做的事情。教师们帮助
他们挂上黑色的垃圾袋，孩子们花
了几天时间剪好星星贴在垃圾袋

上。在向教师请教了如何制作北斗七星之后，他们举行了一个
观星派对。我们挂了一块蓝色的防水布（"以防下雨"）。整个
夏天他们都在进行这个游戏，从不厌倦。而且，孩子们和教师
们继续思考去露营还需要学习哪些新东西。关于在露营时你需
要吃些什么的持续讨论，引发了一次烧烤活动。

当孩子们的话题转移到攀岩运动时，教师们觉得这是一个
挑战。我们问自己："我们该如何安全地去支持这个活动？"我
们打了几个电话，当哈利法克斯市的登山装备合作商店同意我
们去使用他们的攀岩墙时，我们都非常高兴。孩子们非常激
动，几天以来一直在讨论他们需要穿什么，攀岩时需要什么装
备。这是一次相当冒险的活动——即使最胆
小的孩子也令我们吃惊，他爬得比我们认
为他能达到的高度还要高。商店的工作人
员很吃惊。他们花了整个上午与我们在一
起，辅助孩子们攀爬，确保我们的安全，

> 向我们演示了如何撑帐篷，并向我们展示了其他露营材料。
>
> 我们制作了一个录像，一遍又一遍地重温那次旅行。多好的一个夏天啊！当它渐近尾声的时候时，兴趣又指向另一个方向。当然，其中一个方向是"在真正的山上爬山"。我们将需要用一段时间去想出一种可以支持那个活动的方法！

当我们把孩子带出教室时，一个全新的经验世界打开了。教师必须根据亲身实践的学习经验，审慎考虑外出的目的地。当然还应该先去看一下设备，以发挥实地考察的最大作用。问你自己：如何才能让东道主也参与进来，以分享他们的经验？担任这个角色会让他们感到自然吗？在这里孩子们真正能做什么事情？如果实地考察超出了你能到达的范围，看看你们自己的设施和周边邻近区域。在走访另一个教室和利用大年龄幼儿的专门知识中蕴含着什么机会？厨师？场地管理员？那些负责设备维修的人？

他们在学什么？

- **自尊**。这个儿童中心的孩子们已经收到一个重要的信息：他们的想法将会被教师采纳和支持。
- **智谋**。当教室里没有一些材料的时候，可以动手去做。
- **科学**。孩子们既分享了关于星座的前知识，同时还进一步拓展了这方面的知识。
- **社会能力**。孩子们能以有意义的方式进入当地社区，在一个安全的环境中接受攀爬的挑战。

- **问题解决和协商**。为大型活动制订的计划可以被协商、分享和实施。

邀请专家来访

当幼儿的兴趣超乎你的专业知识时，有意义的做法是：教师不仅要自己去搜索该主题的知识，而且还要邀请其他的专业人士花时间与孩子们在一起，分享他们的技能，回答孩子们的问题。这样做的目的是使幼儿感觉这个主题是真实的，为孩子们引入新的可能性。请思考如下案例。

由于孩子们在试验为他们的建筑物做设计，教师们邀请了一名做建筑设计师的妈妈来教室。她花了很长时间在积木区与孩子们一起建构，并把自己的一些设计图展现给孩子们看。然后，孩子们又继续研究了自己学校的设计图。

当孩子们对动物感兴趣的时候，一位在动物园工作的家长给孩子们带来了一条蛇和一只鹦鹉，以支持孩子们的研究。还有一次，孩子们去拜访了一位从事动物美容师工作的家长，观察她给小狗洗澡和理发。结果，在这个班上，小狗美容成了教室游戏中的一项保留节目。

当有些幼儿表现出对使用各种工具作画的兴趣时，当地的一位业余艺术家来到幼儿园与孩子们一起画画。他分享了画画的技巧，并鼓励孩子们在艺术上追求自己的方向，运用新的工具和方法。

一位父亲，他是当地自然保护组织的成员，在一次野外散步之后，给孩子们带来了苔藓、植物、废弃的巢穴等标本。他利用与孩子们一起游戏的时间，偶尔还跟孩子们讲讲这些物品。孩子们用一只神秘袋试图辨认这些东西。

这些来访者会以一种幼儿园教师不会使用的方式去鹰架幼儿的学

习。毕竟，一般说来教师不是建筑师或动物园的管理人员。然而，教师可以把幼儿和这些专业人士安排在一起，结果不但扩展了孩子们的学习，而且也扩展了他们自己的学习。

组织幼儿

随着观察的深入，我们越来越清楚到底是一个孩子、一群孩子还是全班孩子在引导游戏朝某个方向发展。有些线索可以帮助主班教师得出有多少孩子对那个游戏设想感兴趣的结论。这些都取决于至少几天以上的仔细观察——你需要去看游戏情节是如何展现出来的。以朱比利路儿童中心积木区一名幼儿为例，来体会实地的观察情况。连续两天，该幼儿都花半小时时间仔细而又精确地把小汽车装进一个小的四轮木头马车里。

尽管在工作时他附近的孩子们会饶有兴趣地瞟他一眼，而且教师也觉得这个工作很有吸引力，但是即使是在教师发出邀请之后，其他幼儿还是没有注意到这个游戏设想。我们一致认为这只是一个孩子的兴趣，于是决定对他的工作进行记录，这样他就能进一步说出自己的想法，并可以尝试用其他方法将小的物体装到大一点的空间里去。

另一方面，你可能发现4、5个孩子围绕一个主题深入地进行游戏。例如，如果几个幼儿每天都在检查他们的种子长了多少，寻找与生长有关的图表和书籍做参考，这将是每天在特定时间与小组幼儿一起工作的好机会。通过定期对种子拍照，与孩子们一起重温这些照片，提供许多测量和记录植物生长的方法,幼儿将会拥有一份持续而令人满意的记录。间接地,他们也将发展一些数学技能。

以我的经验来看,即使经常会出现能满足每个人的兴趣和想象的主题,年龄越小的孩子参与全班项目的可能性也越小。例如,一个幼儿园3、4岁的孩子全班都参与测量。这个活动始于几位孩子想测量他们搭的建筑物,慢慢发展成探索所有能用于测量的工具,以及所有可能被测量的东西。这个大的主题吸引了所有年龄和各种发展水平的孩子,部分原因是所有的孩子都能领会"成长"和"尺寸"的概念。

根据不同的兴趣来改变每日常规和活动的方法有许多:对单独活动的孩子,要考虑为其想法提供支持;创设小组活动时间让小组幼儿基于共同感兴趣的想法而一起工作;把全班孩子集中在一起,通过大组会议来分享想法。

支持孩子个体

你可以通过提供适宜的材料，支持单个孩子的游戏活动，经常与其建立联系以提供支持，就她正在做的事情与其进行交谈，当机会出现的时候向她提及其他孩子的想法。很重要的一点是，当幼儿在工作的时候，要把她正在做的事情记录下来，就像是为一群孩子做记录一样，并且要与她一起重温她所做的工作，这样她有可能把更多的想法告诉你。这个记录也可以用于在大组活动时间与其他孩子分享她的工作。你可以邀请孩子们提问或提供想法。

当孩子们努力从事个人项目时，他们常常担心自己的工作是否会被别的孩子破坏。这里，你可以扮演一个保护者的角色，提供一个能日常陈列作品的安全架子，如果出于某种原因作品必须被取下来，你可以为该幼儿画一个作品的速写或拍一张照片。在制订个人工作计划时，考虑一下可供工作的场地也是很重要的。一张小桌子常常很有用，但如果孩子们觉得舒服的话，也可以将某些单独工作的孩子安排在一张很大的桌子上，与其他忙于各自活动的孩子一起工作。

小组活动

对于项目工作来说，小组是理想的组织形式，它提供了由幼儿发起，同时又是由教师设计的学习机会。有些幼教机构的每日常规中包含了更多正式的小组时间，在小组时间里所有的幼儿被分成几组，每天在特定时间从事项目活动；另外一些幼教机构的小组时间是非正式的，小组工作发生在游戏期间；还有一些幼教机构可能会把一个小组的幼儿带到一个区域从事某个项目工作，而其他没有参加该项目的孩子继续他们的游戏。小组工作如何出现或许并不重要，重要的是当孩子们提出某个主题时教师要给予他们灵活性，让他们在一名教师的支持下，在一个人数有利于一起思考和讨论的小组中探究这个主题。

整天处在集体活动中对幼儿来说是很紧张的。有些时候待在一个小组中（要么是在作为常规一部分的正式小组活动时间，要么是在游戏时间教室各处非正式的小组中），就是为了离开紧张的集体活动休息一下。小组时间既为教师引导孩子开展符合其兴趣的活动提供了机会，又为孩子实施自己发起的项目提供了机会。

在有些教室，例如彼得·格林·霍尔儿童中心的学前班教室，在任何一天中，幼儿都有机会去选择希望加入哪一个小组。在全班集中的时候，教师向幼儿介绍可选择的活动内容，然后让幼儿选择他们感兴趣的活动。

在其他一些幼教机构中，小组活动时间是固定的，教师会根据幼儿的发展情况和兴趣，让幼儿长期待在同一个小组。于是，他们就会获得每天与同样的幼儿、同样的教师相处的连续性。这样，当一个小组可能正在为班上的仓鼠创建一个环境时，另一个小组可能正忙于研究如何建一个树屋，而第三小组可能正在探索水彩的属性。当幼儿完成小组工作的时候，教师通常把材料放在教室里孩子们拿得到的地方，这样所有的孩子都可以使用。

所有这些选择都是有依据的，在如何给小组提供工作这个问题上，教师的决定将取决于幼儿的想法和问题、可利用的空间，以及每日常规的性质。

集体活动

当所有的孩子对一个宽泛的主题感到兴奋或产生兴趣时，教师可能会认为这个主题是值得全班幼儿参与研究的。例如，"认识社区"就适合全班实地考察。在探究中，有一些小组可能想追随一个具体的主题，例如邮政、垃圾收集、面包店或消防局。常常会有重复出现或持续好几周的游戏主题，这就向教师发出了需要进行一些更深入的调查或对游戏进行扩展的信号。

教师可以用很多种方法来研究全班幼儿的兴趣，有一些方法我们已经讲到过：准备环境，邀请一位来访者分享专业知识，进行一次实地考察（这也可以在小组活动中开展），或者也许是运用班级资源做研究。此外，我们要记住"儿童的一百种语言"（Edwards, Gandini, and Forman, 1993），给他们提供各种方法，来让他们分享所知道的东西。全班集中时，通过重温纪录、音乐、戏剧、语言图表或网络，可以讨论一个兴趣或探究。项目工作或许多使用图像材料的机会，可以展现幼儿的理解。故事时间为全班人提供了透过文学去探索的机会，也让教师有机会记下幼儿的问题和评论。

有时候，通过倾听幼儿在集体活动时间中的评论，你能发现适合小组活动的主题。这样，集体活动可以支持小组活动，小组活动可以延伸和深化集体活动的主题。

对于上述任何一种方法而言，持续地观察并对正在发生的事情（不是你计划发生的事情，而是实际发生的事情）进行反思都是至关重要的。这通常是两种非常不同的情况，我们必须努力保持一种开放的心态。下面是一个计划被改变后导致出现不同的小组活动时间的案例。

> 在幼儿园的圆圈时间，罗莉提供了一个让幼儿探究"开始、中间和最终"阶段的机会。在讲故事的时候，她已经注意到了孩子们的兴趣，想知道他们对故事了解多少。
>
> 当我进入学前班教室时，我看见孩子们站在用胶带贴成的圆圈线上。他们正在讨论，这条线从哪里开始、到哪里结束、谁在中间。当孩子们再次坐下来时，罗莉给他们看了三幅取自一本孩子们熟悉的系列故事书中的插图，问道："你认为哪一幅是开头？接下来是哪一幅？"看到孩子们为此争论不休，罗莉把这个熟悉的故事又读了一遍，帮助孩子们决定插图的顺序。
>
> 过了一会儿，另一位教师给我看了一些纸偶，是当天上午3个孩子在书桌上做的。它们的细致程度令人难以置信，其中部分结构甚至还是三维的。我注意到这几个孩子接下来要参加我所在小组的活动。如果我能够把罗莉在圆圈时间所做的事情与这些孩子做纸偶的事情联系起来，会如何呢？我想到了维维安·佩里，她把在游戏时间看到孩子们做过的事情，在事后向他们描述。我想知道，如果让孩子们用"开始、中间和最终"来讲述他们做纸偶的故事会怎么样呢？
>
> 我把自己最初的小组活动计划搁置起来，把记录纸和绘图纸收起来。在小组活动时间，邀请幼儿讲述他们是如何做"这些美妙的纸偶"的。他们充满热情地做这件事情，我把他们说的话记录下来，之后读给他们听。接着，他们画木偶。其中有一个孩子画了一个木偶剧，这促使我去思考由此可能引发的可能性。

你是否发现这个决定中所包含的灵活性？为了把制作木偶的兴趣与排序的概念结合起来，我不得不改变我最初的计划。虽然当场做决定和改变不是生成课程的要求，但是思维的灵活性是一种气质，它能帮助教师迈着富有创造性的步伐走向真正的以儿童为中心的课程。

写下计划

在与使用生成课程的教师交谈时，我的心里总会出现一个困惑：当我们还不能非常确定会生成什么的时候，如何事先写下计划（这通常是监管部门的要求）？到2006年为止，在很长一段时间里，CFDC的教职工都在努力战胜这种挑战。他们探索了好几种设计，尝试了好几种格式，并对这几种选项进行了实地试验。他们一直尝试着通过展示每个区域的观察记录、教师所做的思考和下一步的回应，来表现生成课程的动态性。方法之一是把他们所预期的接下来几天里可能会发生的事情记录下来。记住，不仅要试图把计划记录下来，而且还把制订计划的过程和原因，即计划背后的依据记录下来。下面呈现了两种计划表格式：一个是婴儿班的计划表，另一个是学前班的计划表。

婴儿班计划

在婴儿班教室，1岁的婴儿常常在游戏中模仿成人的角色。教师在水桌里放了玩具娃娃和海绵让婴儿去洗。有一天，卡莉观察到孩子们对擦桌面和家具的兴趣要大于给娃娃洗澡。这是讲得通的，因为大一点的婴儿曾看到过卡莉完成这项成人的工作。运用新开发的计划表，卡莉记录了她所观察到的，以及孩子们的反应。

婴儿教室，1月31日 之前的观察和打算做出的回应	观察之后的跟踪笔记 儿童对材料的反应
依据：昨天，许多孩子对擦桌子和地板感兴趣，而不是对给娃娃洗澡感兴趣。 **回应的活动**：以清洁为内容的角色游戏；介绍海绵。 **感知**：洗碗布和餐具，用水和肥皂水进行清洁和洗涤。 **动作技能**：精细动作——挤、压；粗大动作——大的擦拭动作。 **社会学习**：为了弄清楚如何使用材料而观察别人。	**观察**：今天孩子们喜欢挤压海绵，并观察水从海绵中滴下来。格丽塔拿了一块海绵去擦桌子，皮特和佩顿也学她的样子做同样的事情。

第二天，教师继续追踪海绵的使用情况。

婴儿教室，2月1日 之前的观察和打算做出的回应	观察之后的跟踪笔记 儿童对材料的反应
依据：昨天，他们不仅没有洗餐具，反而对海绵产生更大的兴趣。孩子们拿着海绵到处走，用它擦桌子和其他家具。 **回应的活动**：我们增加了一个额外的橱柜，里面放着装水的桶。 **感知**：感官桌里的水及水桶里的水都放有海绵。 **动作技能**：精细动作——挤海绵；粗大动作——通过大臂运动来清洗。 **社会学习**：学成人的样子，彼此观察和跟随，有时排队使用海绵。	**观察**：今天孩子们使用了两个供水点的海绵。他们拿着海绵在教室四周走动，并在瓷砖地面上把它们挤干。他们擦拭家具，还相互擦身体。

学前班计划

同时,在学前班教室,教师们经过多次尝试后设计出了如下表格,在教室的每个区域都有一张单独的计划表。每个区域由不同的教师轮流负责。在每个区域中,教师观察、与孩子互动、准备和维持环境,然后把观察记录带到团队中进行讨论。这是为教室里的一个区域(艺术区)制订的简单计划:

艺术区:凯蒂
星期一
观察: 一名幼儿在艺术区用纸杯搭建一个建构作品。
教师的思考: 我们有许多别人捐赠的纸杯,能否用它们进行大规模的建构呢?孩子们会接受这个邀请吗?他们的建构活动会发生怎样的变化呢?
明天的活动/鹰架: 在积木区设立邀请,观察纸杯的使用情况。

右图展示的是在周二,当教师们发出用纸杯来建构的邀请之后在积木区所发生的事情。

这两个表格范例说明,要想出一种记录课程演进过程的方法是多么困难。这些表格是一个实验,体现了教师对他们所见的和打算去做的事情之思考。其他学校可能使用别的表格。许多学校没有用填空式的表格,因为这种表格易于限制人的思维。除了表格,教师们可以尝试使用课程网络图、流程图、时间轴,或者甚至使用值班日记中的每日页面,来展现每天所发生的事情及其原因。后一种想法证明了贝蒂·琼斯的立场"最好是在事实发生后,再把课程写下来"(B. Jones, pers. comm.)。对许多教师而言,她们要面临的现实是必须事先写好课程计划。寻找合适的计划表格是一项正在进行的工作,我们必须以灵活性和创新性为目标。

> ### 教师的声音:小狗游戏
>
> 当教师们在对每位教师的观点进行考虑的同时,也要考虑每个幼儿的观点,这就不可避免地出现不同的选择和想法。这种情形可能是积极的,因为它能让教师们以一种开放的心态对待他们可能从未想到过的观点与解释。所有的观点可以被考虑、被讨论,并且甚至有可能被采纳。通常,对于教室里正在发生的事情所做出的正确回应不止一个,而是好几个。
>
> 让我们一起重温前面一章所提到的小狗游戏吧!你可能还记得教职员工觉得这个游戏想法令人困惑,也有点令人不愉快。他们对于如何做出回应没有把握。当我们离开团队的时候,罗莉已经把来自生成课程协作小组的观点收集起来输入电脑。但是,在我们跟上团队的步伐之前,罗莉会解释这次团队会议采用的表格,以及他们通常是如何做决定的。
>
> 我们每周要有好几次碰头,利用午睡时间进行反思。我们的会议既是为了达成一致的看法,又是为了相互交换意见!团队有一个共同关注的焦点。在本案例中,我们的问题是"为什么是动物呢?"我们把这样的一个问题视为教师研究的起点。
>
> 由于教师是在教室的各个区域工作,因而每个人会将不同的观点和观察结果带到会议上供大家思考。我们总是在观察游戏的不同侧面:故事主线、情节发展、错误概念、问题、问题

解决、环境是如何对幼儿产生影响的等,在关注这些侧面的同时,也会关注团队的共同主题。

在反思的时候,我们从区域开始,在一名教师分享了观察内容之后,我们可能会问一些诸如"这让你想到了什么?"等问题,这里大家的观点开始像乒乓球赛一样相互交锋。正当你认为自己知道这条小径会通向哪一条道路时,一个新的观点增加了问题的复杂性,使你得重新思考你最初的想法或理解!

有人可能认为与协作小组成员开完会后,对罗莉和她的团队而言,事情会变得更清晰了。与此相反的是,最初她们产生了一些认知不平衡。

当我把资料在团队中呈现的时候,他们发出不赞成和否定的抱怨("小孩会野掉的"),这暴露了他们对于探究这个主题的矛盾心理。但是,我的热情是有感染力的!我与他们一起分享了小组成员的想法清单,并建议用它们来指导我们的研究,运用观察和邀请来发现更多的信息。他们同意从小处着手,只在一个涉及动物的情节中使用感官桌(有控制的邀请)。这绝对是一种妥协。我们在感官桌的水里添加了海洋动物和道具。

现在,他们不再把小狗游戏看成一个问题或困难,而是通过感官桌里的一个小小的邀请物,找到解决的方法,那对某些教师而言是妥协。在这里重要的是,他们的主班教师(他们的促进者)建议大家去研究这个游戏。通过研究者的眼睛去看感官桌里的游戏,这个点子给这些教师提供了一种新方法,去观察游戏和更深地挖掘孩子们的想法,因为他们试图去理解是什么让这些孩子如此入迷。

在接下来的一次会议上,团队成员再次带来了对教室不同区域的观察记录。从上一次会议之后,教师向孩子们提供了种类更多的动物,有些孩子已经开始使用感官桌里的材料。下面，我们可以看到依据对三个不同区域的观察，团队成员努力地去设想所有可能的回应。

邦妮（戏剧游戏区）

观察：当孩子们拿到动物玩具（包括狗）去玩时，他们装扮动物的活动就停止了。

教师们的思考：玩具是不是变成儿童想法的催化剂了？用玩具装扮是否比把想法表演出来更容易，或者反之亦然？孩子们的故事线是相同的还是不同的呢？他们玩动物玩具的方式是否与玩玩具的方式一致呢？

回应：我们决定对此做进一步观察。为了看看会出现什么样的反应或变化，我们决定通过限制甚或拿走动物玩具和小狗用品来做试验。还有，为了评估孩子们的兴趣程度，我们决定创设一个针对动物专用栖息地的邀请。

罗莉（积木区）

观察：孩子们已经开始在建"动物园火车"了，从那以后，他们再也没有搭建过高的建筑物。

教师们的思考：动物园在哪里？动物们是否到过那里呢？进行一番讨论之后，我们意识到孩子们一直在根据不同的物种，对火车上的动物进行分组。于是我们在头脑中就想到了分类、作图和画图表。分组也包括把动物圈起来。圈起动物的是笼子呢？还是栖息地呢？

回应：我们决定提供一个邀请，既鼓励儿童对不同动物和它们的栖息地之间的关系进行探究，同时也对儿童的分类能力进行研究。我们还决定在积木区的非洲动物中增加池塘里的动物，观察孩子们对这两种非常不同的动物栖息地会做出什么样的反应。

凯蒂（艺术区）

观察：为了让一名观众观看小狗表演，孩子们在反复地把椅子排好。

教师们的思考：这类游戏显示了孩子们对表演的前经验。我们知道有些孩子已经上过舞蹈课或已经观看过演出。我们想知道是否可以在此基础上帮助孩子们建一个舞台。由于没有很大的空地，我们担心增加舞台会使空间变得拥挤而给这个区域带来过度的刺激。如果改为木偶戏会怎么样呢？

回应：我们决定提供邀请，即设计一个为故事表演而制作木偶的活动，还为孩子们提供了做小狗木偶的材料。

我们看到，这一次教师团队经历了几个反思阶段。他们经常进行观察，记下幼儿在几个不同区域的游戏情况，然后，他们尝试着对正在发生的事情进行分析和解释（这是怎么回事？为什么是小狗？）。为了达到更深入的理解，他们请其他人参加这次讨论。他们也考虑到了自己对活泼游戏（lively play）的矛盾情感可能的影响。他们发现活泼游戏是令人困惑的，有时是令人抓狂的。但是，他们试图为自己的情感找一个理由，找到一个对教师和幼儿都说得过去的妥协，而不是简单地去制止这种游戏。最后，通过邀请和进一步讨论，他们找到了一个进入游戏的方法，这种方法既拓宽了幼儿的思路，尊重了那些还想玩小狗游戏的幼儿，又使他们处于教师的管控之下。尽管从完全接受或充分理解幼儿游戏的角度看，这还不是一个完美的解决方法，但是教师们对这个游戏进行了认真思考。他们也开始对自己划分活泼游戏（lively play）与嘈杂游戏（noisy play）的界限有了一定的了解。

儿童的声音：移动教室

接下来考虑的一个情形，它确实地把同一组教师难住了数周。尽管他们从未发现幼儿想法之根源，但是放手让孩子们去玩的经历使他们的教学实践变得更丰富了。

在一个有丰富准备的环境中，21名学前儿童突然开始在教室里收集材料——标识、布娃娃、小块积木、自然材料等任何东西，并且把这些东西搬到教室的其他地方。让教师们感到沮丧的是，连续几天来，孩子们在教室中央或积木区给一大堆混合起来的活动材料排队。

一般地说，教师是讲究条理的人。对这个教师团队而言，孩子们故意把教室弄得杂乱无章，有悖于教师之让教室保持有序和有吸引力的愿望。孩子们天性上不愿意事后整理，加剧了教师的对整个问题的纠结。这是一项极其艰巨的任务。

教师决定请孩子们一起谈谈游戏及其意图。最近有没有孩子刚搬过家呢？似乎没有。他们是不是在探究分类呢？不，他们倾向于把所有东西都堆在一起，堆成一个大堆。这是不是与他们对自己环境的权力诉求有关呢？也许有。进一步讨论这个观点时，教师决定问问孩子们，他们喜欢怎样布置教室。尽管按照孩子们的设想会导致教室里大多数家具和材料位置的移动，但是材料的搬动和堆放还在继续。

经过几周的记录、思考，以及许多次长达45分钟的整理，教师们意识到自己可能从来没有弄清这个游戏想法的底细。他们确切知道的是孩子们专注于搬材料，并且这个活动本身有足够的内在动机，使他们能在约长达六周的时间里一直参与其中。尽管这个被教师们称为"移动教室"的活动，把他们累坏了，但这个过程也让他们对什么是幼儿的学习以及他们自己的学习有所认识。

- 幼儿不总是能清晰地表达自己的想法。教师必须通过照片、笔记和手工作品来记录，然后运用最好的、有根据的推测去回应他们。
- 教师不必总是知道原因后才能对游戏进行支持。在本案例中，教师提供了带有把手的大篮子，使搬运东西变得更容易，还提供了滑轮，这样幼儿可以把东西搬到教室的各个地方。在幼儿工作的时候，教师还时刻参与其中。
- 孩子们学会了一起努力工作。搬运东西和抬重物需要至少两人才能完成，因而需要很多协商。
- 孩子们制订和实施计划。他们展现出意向性。
- 解决了整理时间占用大部分游戏时间的问题。在圆圈时间，孩子们和教师聚在一起进行头脑风暴，想办法去解决这个浩大的整理工作，并使这项工作不那么单调乏味。
- 当孩子们整理的时候，大量的分类活动发生了——不仅体现在组织材料使之归位到容器和架子上，还体现在其他方式："诺拉会把所有的书写区的材料收拾好"或"詹姆斯会找到所有的玩具小人"。
- 教师学到的是，即使孩子们在做的事情让自己感到不舒服，但还可以依然保持幽默感、灵活性和回应性，同时还能识别正在发生的学习。即使教师不能完全理解，但游戏对幼儿而言是吸引人的和有目的的。

正如我们所看到的那样，对我们所观察到的东西进行解释对教师来说是具有挑战性的。一起思考我们的想法也是件令人兴奋的事情。当幼儿园发生令人困惑的事情时，作为园长的我经常可以看到教师团队参与到非常激烈的关于"正在发生什么事情和如何去回应"的讨论中。当教师权衡各种选择的时候常常发出笑声、惊叹声和做出沉思的表情，接着，当他们识别出一个可爱的"哇"时刻时就发出激动的叫喊声，"哇"时刻就是新理解突破的时候。如此深入地去思考幼儿为什么要游戏，产生了刺激、智力上的参与和激情。在与孩子们以及与我们教师一起共事的时候，我们收获了很多。

6

第6章 纪录①——让思考看得见

在翻看教室里的文件夹的时候，我发现了各种有趣的物件：由三位教师随手记录在即时贴上的简短轶事记录；三个孩子在假装扮演小狗中的对话之文字转录；教师对孩子们上演的"小狗秀"的描述；教师仓促记录下来的本团队关于幼儿游戏的问题清单（给自己提个醒，要打破常规去思考）；关于幼儿如何进行游戏的"自我注释"；幼儿之间关于建一个动物医院的对话之文字转录；经头脑风暴获得的关于课程未来可能发展方向的设想而绘制成的课程网络图；教师写给自己的关于向幼儿提供挑战的笔记（"提供更多的挑战——如何提

---

① 纪录documentation最初来源于瑞吉欧的教育实践。在《儿童的一百种语言》一书中，纪录是指以足够的细节报告成果和表现，并协助他人了解所记载的行为背后蕴含意义的任何相关活动。这一概念深刻而简练地表达了纪录的内涵，运用图像（录像）和语言等形象的方式，经过教师的主观选择，呈现一连串的儿童活动片断及教师的教育教学过程片断，在教师团队中形成对话，阐释和理解纪录中的教育意义，让教师在潜移默化中建构属于自己的知识。——译者注

供?!"）；幼儿作品样本（他们制作完成的木偶、绘画作品、黏土作品和其他模型的照片、书写样本）；与幼儿一起进行的关于各种动物的头脑风暴的专栏；最后，还有照片，许许多多的照片，包括做游戏的幼儿、他们开展过的调查、他们创造的建构作品和手工作品，以及他们制作这些作品的过程的照片。

这些所收集的丰富而精彩的材料，并非只是零碎的东西。相反，这是一个蕴含着宝贵信息的金矿，是关于教师和幼儿在教室里合作时所开展的工作与思考的信息。在这个例子中，教师所收集的这些原始资料就是用于构建小狗/动物游戏期间所发生的故事的，在好几周时间里幼儿彻底被这个游戏吸引了。这些反映每个人的工作痕迹的资料，可以很好地被用来与别人交流：教室里都在进行什么工作；它们是如何展开的；在做出回应时，教师的想法是什么；教师和幼儿学到了什么，他们是如何建构这个知识的。换言之，这些材料对于纪录收集来说，是不可缺少和令人激动的资料。

在形成生成课程的时候，为什么纪录是一个如此重要的工具呢？正如我们将在本章看到的，这是一种视觉的或书面的记录，或者既有视觉的又有书面的记录，它展现了幼儿活动的轨迹、我们作为教师的思考、在教室里发生的活动和学习。最重要的是，它也呈现了教师和幼儿所经历的建构知识或生发新理解的过程。

纪录是重要的，因为它讲述了一个故事，关于一个项目，一个寻常时刻，一个想法的发展，有趣的或令人困惑的事件，还有教师认为与他人交流时必不可少的任何事情，或者是为了使之成为班级或学校历史的一部分而保存下来的任何事情。

此外，早期儿童教育工作者经常被要求提供有关他们的课程所涉及内容的记录。如果你的单位有这样的要求，那么纪录提供了一个以儿童为中心的解释路径；幼儿的工作被记录、被解释和被理解。他们的兴趣，以及通过探究和调查那些感兴趣的事物所进行的学习，都以一种吸引人的和有意义的形式被清晰地呈现出来。

在本章中，我们将探究许多做纪录的理由。我们也将审视在你的教室中运用简单的系统对资料进行汇总的可行性。这样，你可以就幼儿和自己对正在发生的事情的看法进行交流。

为什么要做纪录？

做纪录需要时间、想法和精力。当我与早期教育专业人士商议该话题的时候，他们首先向我提出的疑问通常是"为什么我需要去做纪录呢？"我的回应是请教师们做一份小的纪录，与其他人一起进行思考，看看对此有何感觉。当我观察这个过程展开时，我几乎总是能看到兴奋、有趣的讨论和教师之间有意义的对话。我也看到他们正在与他人分享着一项非常有用的工作，使幼儿和教师的工作得到肯定。下面，我们探究纪录在反思、对教与学的解释、交流和确认中的作用。

一个反思工具

在生成课程形成的过程中，纪录是一个让教师参加反思性实践的工具。当我们对自己所收集的相关作品、照片和笔记进行思考的时候，这将会促使我们去寻找教室里正在发生或已经发生的事情之意义。对这个活动或项目而言什么是重要的？为什么？我们想要保留或交流什么？为什么？应该如何去呈现和分享这个纪录？当一个团队对材料进行筛选，并对这些问题进行反思时，似乎出现了一个放大镜帮助我们去检查细节。一个想法的展开过程、发现的过程、幼儿在建构知识时的困惑和纠结，都变得可见。作品和笔记可以引导我们进行这一类的思考，因为这些材料为我们提供了回应和思考的具体对象。对具体对象的考察常常能让我们转向抽象的问题：这究竟是怎么一回事？表面之下隐含着什么？有没有出现一些模式或联系呢？我们能从这个微不足道的时刻或那个大事件中学到什么呢？

教师从纪录中学习的过程，是本反思系统的另一块重要功能。作为一名不断寻求发展的专业工作者，我们需要有智力上的刺激。纪录是一个鼓励解释的工具，一个为今后的工作建立联系、提出假设和制订计划的工具。纪录经常可以让我们看见自己的学习，这是非常有益的。六个月前我们还不太理解的东西，在某个时间，在另一种情形下，当我们回过头来看纪录和重新思考的时候，会突然变得清晰。这对教师而言是一种转变，因为我们不再完全依靠外部的资源来推动自己的成长，而是运用我们的纪录以及我们对纪录的思考，为我们自己的教学提供信息。

对于实习教师而言，纪录可以成为其学习儿童发展、教学方法和课程开发的一个重要工具。有质量的纪录要求实习教师去思考：这个孩子哪些方面有发展、这个孩子正尝试去做什么、教师是如何支持这个探究的。然后，在理论与实践之间形成联系。所有这些为将来的教学提供了一个良好的基础。

对教与学的解释

不管在何种类型的幼教机构中工作，教师都有义务向他人解释：幼儿正在做什么、他们的发展情况如何、他们对什么感兴趣、谁是他们的朋友、他们正在学习什么。虽然某些幼教机构必须使用特定的评估工具，但另外一些机构则自由地开发自己的评估方法。

乍一看，在使用生成取向的、以游戏为中心的教室里，要完成儿童发展评估看上去似乎很有挑战性。但是通过多种形式的纪录，教师可以向家长和管理者提供一份非常详细的、收集到的资料，包括每个孩子正在做什么，这项工作是如何帮助孩子成长、发展和学习的。纪录还展示了每个孩子如何跟别人一起协商和工作，如何坚持一个想法，如何在经验之间建立联系，以及如何运用各种媒介的表征使自己的思想看得见。相对于可能包括一些不熟悉的术语的核查表，这种重要的信息对家长可能更有意义，也没有等级量表那么吓唬人。纪录一般是不带有任何评判的，它只是描述该幼儿会做什么，而不是他还不会做什么。

交流

纪录作为一种交流工具，没有其他东西可以与它匹敌。它的作用在于帮助家长在一个集体的背景下去理解自己孩子的工作。它可以帮助幼儿去回顾和反思自己的思想、问题和理论。这是就幼儿的能力和教师工作的价值与更大范围的共同体进行交流的一种好方法。

对家长而言，带着背景信息，到学校去看工作中的孩子的照片是非常有吸引力的。尽管家长会很自然地陶醉于自己孩子的工作，但是随着他们开始理解发生在场景背后的思考，他们也被整个学校的工作吸引。还有，他们可能会看到自己的孩子受教室里发生的每一件事情的影响，包括其他孩子的工作和学习（Fraser and Gestwicki, 2002）。

对教师来说，让家长理解幼儿如何在教室学习的过程，可以使家长更容易参与学校生活。当家长表现出对一份纪录的兴趣时，可以请他们说说自己的看法，快速记下他们的问题，分享他们的知识或专业知识，或者用他们的照片、作品或录音来丰富纪录过程。因为工作或其他的承诺而不能脱身来学校的家长，可以记录与孩子作品有关的故事，在城市里去拍一些照片以支持孩子们的研究，或者帮教师把孩子在家里说的有关自己在学校做了哪些工作的话记下来。家长与教师的这些交流，有助于创造家园合作机会，使教师、家长和孩子之间的关系更密切。

因为孩子们喜欢检查和解释自己的工作，通过纪录（无论以展板、视频还是书本的形式）重温自己的工作，是一种促进幼儿与教师一起讨论的简便方法。学步儿也很乐于对他们看到的照片中所发生的事情贴标签。当我们给婴儿看相关作品的照片时，他们有时还会用手去指教室里的真实作品。对于教师来说，看到纪录能激起与各年龄段孩子的联系是很兴奋的，因为我们可以依靠那些联系。

显然，我们应该与周边社区中的人一起分享我们的工作。不幸的是，尽管早期教育和早期大脑开发的许多重要性已经引起了人们的兴趣和关注，但这些领域之外的人对此的认识还不多。纪录可以成为表述这个问题的有价值的交流工具。当我们展示自己所做工作的深层意义，这一意义对幼儿有什么样的好处，以及看护和教育我们最年幼的公民所需要的专业知识时，所有的人都会从中受到启发。

认可

在一个对我们的工作有时缺乏尊重的行业中，纪录可以清楚地展现出教师们在工作中认真思考、煞费苦心地关注细节、连续观察，以及每日与孩子们接触等。纪录既是对幼儿工作的认可，也是对教师工作的认可。这是一个有助于人们对我们所做的一切产生尊重的过程。尽管运动、政治行动和倡议已经进行了好几年，有时我们仍需要提醒自己，我们所做的一切是重要的。如果你还没有尝试纪录，那么尝试了，你必定会获得惊喜。看到自己和孩子们的工作以图像的形式呈现出来，是一种被认可的体验，可以帮助你维持对工作的热情。

为纪录收集资料

纪录有好多种类型，在你的教室里采用哪种类型的纪录，很大程度上取决于你所能获得的资源，例如时间、资金和支持。说到可用作纪录的资料，我们通常指的是照片、儿童的作品样本、轶事记录，以及录音/录像等项目。

照片

数码照片已经改变了记录儿童作品的过程，这是因为数码照片的拍摄是即时的，照片很容易被编辑，还能够现场被打印。这一高效的过程意味着我们只需保留对故事讲述真正有意义的照片就可以了。它也使我们在没有耽误许多事的情况下就能做好纪录，让幼儿及其家长可以及时地看到做过的工作并进行思考。（有关用照片做纪录，请看第2章。）

在成人的支持下，幼儿也可以把他们认为重要的事物拍成照片。他们可以选择拍其他孩子、正在开展的项目、教室的区域，当然还有教师。如果决定是由孩子做出的，那么结果对教师而言就会非常有意思。有时，有些在我们教师看来属于孩子一日生活的重要组成部分的东西，却没有被选择记录，这提供了许多发人深思的东西。

音频和视频记录

在教师会议或团队会议上，当我们观看一小段视频或听一段对话录音时，留意有多少情况变清楚了，总是一件有意思的事。我们也许会认为自己对周围发生的每一件事情都注意了，但是当我们使用游戏录音作为纪录的一种形式时，不免会感到惊奇和受到启发。录音带的各个部分可以被转录，这样，孩子之间解释自己想法或学习所进行的对话就能被可视化，而录像片段（尤其用手提电脑放在教室入口播放时）可以给所有观看过的人提供话题。这类纪录还可用作幼儿成长档案袋的补充材料。此外，当播放比讲述更好时（例如，当很难用言辞去描述某个事件时），或者当教师因反思而需要用到纪录时，这类纪录也是有用的。

幼儿的作品集

教师是幼儿作品的重要收集者，但是幼儿自己也是，他们常常想要把自己创作的作品带回家。复印幼儿的美术或书写作品是一种选择，而将他们的泥塑和搭成的建筑物拍成照片是另一种选择。如果幼儿园不能提供上述两种选择，教师总可以对作品做个速写吧！

至于用幼儿的哪件作品做纪录，就有待我们做出一些重要的决定了。当你有几件作品可供选择时（例如，绘画作品、黏土或绘画作品的照片、对话的文字转录），不妨问自己如下几个问题：

- 哪一件作品真正推动了活动过程的故事向前发展？
- 哪一件作品代表幼儿正在探究一些不同寻常的、令人困惑的或新的事物？
- 哪一件作品令教师或其他幼儿提出了有趣的问题？
- 能否找到有助于解释幼儿想法的对话痕迹？
- 照片是必需的吗？所选的作品能否讲述活动过程的故事？如果照片是需要的，多少张照片可以真正让这个过程的一部分看得见？
- 有没有一些教师的注释，可以帮助观看者理解他们所看到的东西？

纪录的形式

纪录——就是要收集和展示相关作品、对话的文字转录、关于教师和幼儿思考的记录，它可以有许多形式。不同的纪录形式适合不同的情形和环境。下面是一些你可以选择的纪录形式的概述。

每日页面

每日页面是由一张有趣的照片（或者可能是2张），外加教师键入的一段文字构成的，这些文字用于解释团队对正在发生的事情的思考。照片聚焦于正在工作的一个或一小组

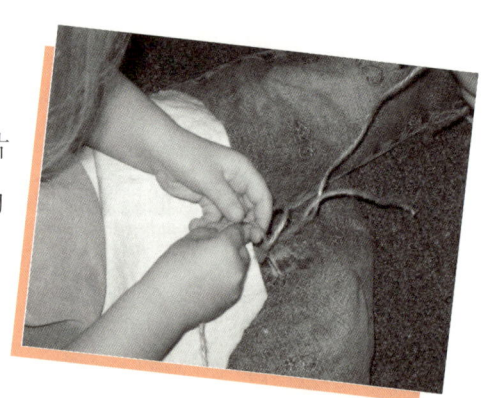

儿童，而不是试图反映所有儿童。教师和家长们都不必过于担心会突出强调哪一个孩子，因为随着时间推移，所有的儿童都会被呈现出来。制作每日页面的教师总是试图指出其中正在发生的学习。现在，CFDC家庭室（the family room）的工作人员能够在20分钟的时间里打印出照片并配上一段文字。他们发现家长们一直在阅读他们的每日页面。事实上，家长们非常盼望看到孩子在班级生活的片段，每天放学来接孩子的时候，好多家长有停下来阅读的习惯。

学校日志

在每日页面的基础上，爱默生幼儿园对学校日志的开发也已经达到炉火纯青的地步。他们将漂亮而又详细的关于幼儿工作和日常活动的记录放在学校大门口，作为一种邀请，让家长在中午接孩子时阅读关于孩

子们上午的在园情况的记录。由教师们轮流负责记录日志。承担本周班级记录任务的教师背着照相机到处走，在孩子们中间走动时写下轶事记录。在上午结束的时候，这位教师选择要使用的照片和轶事记录，并将它们收集在该页上。接着，就把制作完成的页面放进日志本（一本大的三孔活页夹）里。

这本工作日志也是学校的档案文件。它阐述了一个学校的生命力和生活，小心对待孩子们的作品，严肃认真地展示那些作品。学校的负责人苏珊·哈格纳说："我常常把工作日志带到我们的会议上去。它帮助我们去记忆和反思"（S. Hagner, pers. comm.）。她也解释说，每个教师运用他自己的力量和才能，以不同的方式构建日志，所以在日志的不同区域可以看见每个教师的个性。

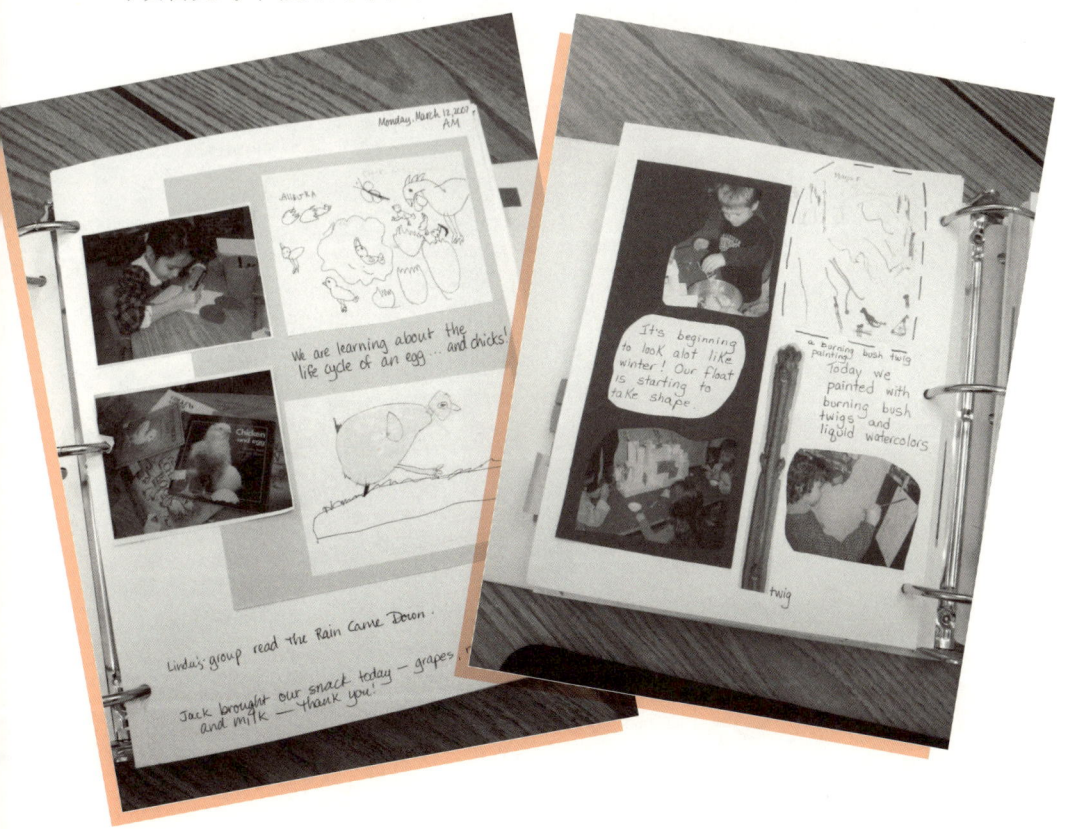

课程路径

对于一个长期项目而言，课程路径可以向我们展示到目前为止我们已经到达过什么地方，我们打算前往什么地方。课程路径看上去有点像流程图，可能最好以一种如我们行进的方式画在一张长的、水平的纸上，这样项目的所有部分都可以用大号字体被呈现出来。例如，在CFDC的"花园"项目中，起点是室外教室的开发。用一种颜色笔写儿童的想法，用另一种颜色笔写来自共同体的反馈，用第三种颜色笔写教师对活动和事件的计划。由于这个项目大约持续了3个月，课程路径最后延伸到2.44米长，把这次旅程的每个方面都以书面的方式呈现了出来。

纪录展板

当孩子们和教师们一直在进行一项长期的调查时，一些按顺序编排的纪录展板可以用来讲述整个故事。纪录展板最初是由瑞吉欧·艾米利亚的教师介绍给我们的，它所展示的是教师认真考虑后收集的手写笔迹、照片和作品，并将其装裱或悬挂在泡沫板、广告板、有机玻璃或其他一些结实的材料上。在展板的开头，通常用一大段文字描述工作的背景，紧接着是工作过程的照片，伴有解释性注释、儿童的作品样本和对话。我们试图用所有这些记录，让人们看见正在发生的事情之意义，正在发生的学习，以及儿童和教师的心声。制作纪录展板是为了吸引别人去阅读。当它们很好地被展示出来时，就如同向学校里的每个人发出驻足阅读的邀请，使他们从中获得理解。

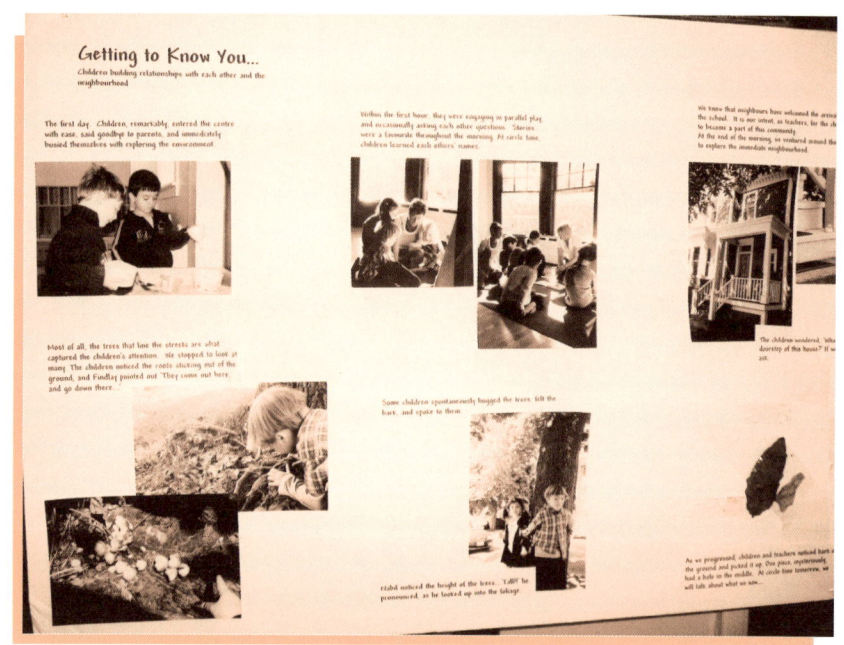

之前所提到的可用于保存孩子们工作痕迹的所有方法,在制作纪录展板时都是有用的。如果孩子们同意将他们的雕塑作品或模型在学校里保留一段时间,这些东西可以被直接放在纪录展板前面。如果比较轻,也可以挂起来。

班级书

在与孩子们相处的日子里,我们看到孩子们集中注意力努力地通过游戏来表征自己的想法。这个过程可以被记录下来,以班级书的形式保存在教室的所有区域,留到以后让他们去重温。例如,有一个班级,孩子们有了一个"建动物园"的想法。他们就"如何在积木区建造动物园"进行了几天的协商,最后用积木和对话把自己的想法表征出来。一本包含着建构过程中的照片以及对话的文字转录的书，使其他人能够了解他们工作的故事。制作这种类型的班级书只需把贴有照片和孩子的一些口述记录的纸装订起来，放在孩子们经常玩游戏的区域供孩子们阅读，或者放在图书区供长期使用。

当能够经常重温自己的工作时，孩子们有时候会对自己的思想和成长问题进行思考。例如，我们经常听见一个孩子说："我过去常常以为……但是现在我知道……"或者"那是我小时候！现在我知道如何来做这个了。"还有，当孩子们回顾纪录时，会注意其他孩子在想什么和做什么。这种倾向性与教师的参与结合起来，提供了一个鹰架每个孩子的理解的机会。

儿童的档案夹/档案袋

档案夹提供了一个为儿童个体收集纪录的最有效的方法。为每个孩子准备一本三孔活页夹，就能很容易地将纪录收集起来，然后在很长时间里（一个学期或者也许是一年）逐渐把经过认真考虑的各种作品放进去。教师和孩子们对在档案夹里收入什么东西，以及为什么要将这些东西放进来等问题进行认真反思。可能的问题包括：从孩子或教师的观点来看，这件作品有什么重要性？这其中有没有蕴藏着发展的信息？孩子的狂热兴趣在哪？通过这个孩子的游戏或表征，是否可以看见他的学习？

尽管创建档案夹的方法有很多种，但还是有一些关于档案夹里可以收入些什么东西的共同线索：

- 该儿童作品的样本：草图、许多不同发展形式的书写作品、水彩画，以及雕塑和模型的照片。
- 体现该儿童的想法和教师的思考之轶事记录，由此支持读者去理解所发生的事情。

- 详细描述一个特定事件的叙事记录。
- 该孩子探究过程或游戏中的照片。
- 该幼儿与其他幼儿，以及该幼儿与教师之间对话的文字转录。
- 留出一个地方让父母可以写下他们的想法、问题和回应。
- 在复印机上缩印的课程路径的复印件，这样父母可以看到某个项目的总体轮廓。

这样一份丰富的儿童作品集，为家长和教师之间的谈话提供了一个有意义的起点。例如，你可能会评论："这是你孩子所做的事情，这是我们从中产生的对他的认识"，或者"这是你的孩子学到的东西，这是我们如

何知道的方法"，或者"这是全班孩子正在研究的东西，这是你的孩子在其中发挥的作用"。因为家长是在对孩子工作和游戏的具体证据进行回应，所以他们经常能就档案夹说好多话。他们也总是很乐于看到这样一份周到而全面的关于孩子在校时间里的行为记录。

组织空间和时间

要完成有意义的纪录显然要进行组织——不仅对观察到的东西、照片和作品进行组织，还要对时间和空间进行组织。你需要有一个地方去保存你所收集的东西，要有一个场所去进行装订和建构。然后，你或者某个帮助你的人，需要把这些资料进行汇总。

尽管幼儿园里的空间通常是非常珍贵的，但是如果你的条理性好的

话，收集纪录并不需要太多的空间。有时候，你只需要以新的视角去审视现有的空间就可以了：

- 教室置物架的顶上有没有乱七八糟的东西需要整理？我们都有这些杂物！如果你把杂物清理好，就可以腾出空间来有效地储存文件夹了（看第40页的照片）。注意这张照片里使用的是简单而花费不多的线夹。只要定期清空，任何一种纸质文档都可以被夹在文件夹里。这里需要做出决定：哪些东西可以被放入这个孩子的档案夹？哪些可以留作记录？什么可以被孩子带回家？

- 你有没有一间教师办公室或一个储物柜？如果你决心收集作品用于纪录，一个置物架或橱柜的一部分就可以被用作收集站。即便是一只放在壁橱底层的硬纸板箱也可以短时期内被有效地用于收纳些东西，但你必须要有一套检查文件夹和做决定的制度。是不是每周都要做？还是两周一次？谁来负责做这件事情？

在拥挤的环境中，或者在借来的、没有储藏区域的空间中，你需要无情地把杂物清理掉，及时地把所收集的资料进行分类。这里根本没有长期存放大量收集物的空间。

另一个挑战是把记录展板或日志作为学校的档案保存下来。在有些学校的阁楼或地下室能找到存放的空间，另外一些学校利用技术来长期储存记录。例如，把一系列展板拍成照片储存在一张CD或U盘里，而不是它们整个地保存下来，那样就只需要利用一点物理空间，就能把这些东西保护和保存好。

对于从事早期教育的人来说，时间似乎也永远是短缺的。为了进行记录，必须要给忙于在教室里带孩子、忙于接见家长和相互交流、忙于收集材料的教师提供支持。如何才能把纪录进行汇总并呈现出来呢？

如果你的单位可以出钱请一个代课教师，只需每周请她来一小时，那带班教师就可以离开教室，把注意力集中在纪录上。参与此类工作的教师常常会觉得这是一个很好的学习经验。在考虑纪录的时候，教师必须决定：用什么？为什么要用它？如何才能使思考和学习看得见？反复斟酌这些决定，可以帮助教师在解读纪录、联系理论、把理论用于实践等方面得到成长。当教育行政管理者把纪录看作职业发展的一个机会时，就有可能提供经费支持这项工作。

在有些情况下，教师向园长提供原始资料，园长可以用教师团队觉得适宜的一种方式把纪录进行汇总。或者园长可以给教师顶一小时的班，让这个教师去处理纪录。有些园长尽管自己的工作也非常忙，但仍承诺定期挤出时间，以这种方式支持教职工。于是，他们收获到了增强专业发展，以及与家长和实习教师沟通的好处。

也许你足够幸运，有家长志愿者、实习教师或工读生、感兴趣的祖父母，以及其他提供资源的人的帮助。记住，必须由教学团队决定出现在纪录中的内容，并写下文字附在上面。接受一些指导和基本的设计技巧训练后，志愿者就可以帮忙把它们粘贴上去。这样安排带来的额外好处是，志愿者可以更进一步理解教室里正在发生的事情及其原因，同时有机会成为课堂生活的一个重要组成部分。

如果教师既没有时间也得不到别人的帮助，那你至少要给想利用自己的时间制作纪录的教师们提供一些需要的工具（见下页"制作纪录展板的有用工具"）。在这种情况下，从小处着手比较好。将简短的手写轶事记录与照片配对，加入你自己的思考就是很好的开端。

制作纪录展板的有用工具
- 结实的纸、硬纸板,或者泡沫板,可以在这些材料上面贴照片和绘画作品。
- 数码照片冲印在相纸上(或者质量较好的黏合剂)。
- 胶棒或喷胶(后者会产生有毒气体,只有在孩子不在的通风良好的区域使用)。
- 直角尺和直尺,以确保所有的东西呈水平和垂直。
- 剪切工具:大号的剪刀、切割刀片或裁纸刀。
- 悬挂材料:蓝丁胶,或者类似的可以保护墙面的产品;用夹子在缆绳上悬挂纪录,或使用绳子或电线穿过墙或者窗户,用来挂照片或展板。
- 如果要挂照片,而不是永久地贴上去,那就使用小夹子或衣架。
- 儿童的平面艺术作品,或者他们制作或收集的立体作品(这些东西可以用热胶枪贴上去,或者放在架子上的纪录前面)。

纪录与早期教育的学习标准

在你工作的环境中，有没有要求你把纪录与由上级权威部门制定的特定学习标准联系起来呢？这正在成为早期教育中更为常见的做法。例如，在"开端计划"项目中的教育机构有非常具体的必须达到的标准，且必须定期进行记录。许多州和省已经开发了早期学习指南，尽管这些标准不总是被强制要求在幼儿园课堂中使用，但它们作为高质量早期教育的最低要求被极力推荐。有些以发展适宜性实践为指导的幼教机构，使用美国幼教协会（NAEYC）的同名出版物作为教室和教学实践的资源。还有一些幼教机构拥有由本机构开发的学习结果检核表。

在一个基于游戏、形成生成课程的教室中，教师如何将儿童的调查、游戏、想法和表征与标准和结果联系起来呢？务必再次确认，我们的教师知道在我们的教室中正在发生的各种类型的学习；我们必须对这些学习进行识别、命名，并让它们显现出来。思考如下例子：

> 几个4、5岁的孩子聚集在放有绘画材料的桌子旁。约翰正在尝试画一只海星，他说需要新的纸，因为他把纸"画坏"了。肯尼告诉他说："不用，看……你只要把两条线画成V的形状，就能画出一只海星来。看，你做到了。如果需要帮忙尽管来找我好了。"

对于这里发生的学习和前知识我们能说些什么呢？如果运用评价的语言，我们可能会说：

- 约翰尝试用图画来表征自己的想法。
- 肯尼能注意其身边的其他幼儿，他能够分享自己的知识，在别人需要的时候提供帮助。
- 肯尼表现出空间意识，他能够把关于字母形状的知识与其他情境，如绘画，联系起来。

3岁的索尼娅坐在书桌前。她从旁边的书架上选择了几条细细的白纸条，在其中一条上画了一个个锯齿形，在另一条上画了一个个圆圈，在第三条上画了波浪线。然后，她又取了一张纸条写上自己的名字（拼写正确）。她始终从左往右地进行书写。接着，她用胶带把这些纸条接起来，这样从上到下看它们就像是一个页面上一排一排的文字。索尼娅说："我写这些东西，是因为我想把它变得漂亮一点送给我妈妈。在那一张上我写了很多'O'，我喜欢写字母。我妈妈教我的。我喜欢用胶带把东西粘在一起。"

我们可以看到这里出现了许多前知识，让我们试着将它描述出来：

- 索尼娅表现出对书写的兴趣。在游戏期间她独立地选择了书写材料。
- 索尼娅显示出对印刷体写字的理解。她从左写到右，从上到下地把书写的东西连接起来。
- 索尼娅书写了可以辨认的字母和像字母一样的形状。例如，她把圆圈称作"O"。

所以，在一个准备充分的有吸引力的教室中，学习被呈现出来，我们可以对它进行描述。现在，需要把它以一种让行政管理者、家长和同事都可以看见的方式组织起来。在美国和加拿大，我已经遇到过三种常见的描述学习的过程要求，尽管肯定还有其他要求。让我们从这三种要求的角度思考一下可能性：要求用具体的学习结果来写课程计划；用具体的描述经验的词汇来写课程计划；不一定要使用特定的格式，但教师要在课程计划上为家长写好进步笔记。

课程计划要有具体的学习结果

有些课程选用他人设计的特定材料，是为了引导幼儿朝着期望的方向发展，例如，一所幼儿园的课程可能选择了全国数学教师委员会（NCTM）的原则和标准来指导数学。在对学前班到 2 年级儿童的期望中，其中一条标准是要求幼儿"运用各种物理模型和表征物，将数字和数词与它们所表征的量联系起来"（Copley and NAEYC, 2000, 177）。

如何在生成课程基于游戏的项目中达成这一期望呢？非常简单，只要提供适宜的材料和机会让幼儿来表征他们知道的东西，然后当孩子们使用这些材料时，旁边要有一位敏锐的观察者就行了。这里有一份这样的观察记录。

> 在积木区附近的桌子边，5 岁的艾莉把动物园里的动物排成了一条线。另一个孩子评论道："哇哦！你有几百只！"艾莉想了一会儿后回应道："不，没有那么多！"她从旁边的架子上取了一些带有数字的立方体，按顺序把它们放在动物的旁边。当她依序摆放的时候，她大声地数出每一个数字。完成之后，她告诉她的朋友："看！这里有 17 个！"然后，她在一张小卡片

> 上写下数字17，挨着动物放在桌上。

要用具体的词汇写课程计划

鲍勃是一位在使用高瞻课程的班级里实习的准教师，他正在学习跟该课程的学习环境有关的词汇。这些词汇围绕描述"幼儿在做什么，他们是如何感知世界的，对他们的发展很重要的各种经验"的核心经验（Hohmann and Weikart, 1995, 297）。他的任务之一就是观察游戏，收集本班幼儿的轶事记录，并以核心经验为标题将它们组织起来。鲍勃准备了用于观察幼儿的活页纸，因而每个核心经验都用单独的纸进行记录：创造性表征、语言和读写、主动性和社会关系、运动、音乐、分类、排序、数字、空间和时间。要是鲍勃参与了之前约翰和肯尼的案例，他可能会选择将约翰在创造性表征方面的信息和肯尼在社会关系、空间、语言和读写方面的信息放进去。

教师要在课程计划中写进步笔记

安妮在一个使用生成课程的幼教机构工作，但该机构没有正式的评价技术或检核表。她被要求每年给每个孩子写两次进步笔记。她把笔记复印了一份给家长，另一份复印件放在该儿童的档案袋里。当她面见家长讨论档案袋的时候，进步笔记提供了一个关于该幼儿发展情况的简明而又具体的总结。在这个幼教机构，进步笔记被分解为不同的学习领域：语言、读写、表征、逻辑和数学、创造性、大肌肉动作、精细动作。在每一个标题下，安妮不仅描述了在这个领域该孩子的发展处在什么位置，而且还把这些评论与档案袋中呈现的相关作品联系起来。这些作品帮助她记住该孩子一直在做的每一件事情。这里有一份进步笔记摘录：

> 创造性：马丁始终如一地表现出创造性思考的能力。例如，当其他孩子在积木区建构遇到困难的时候，马丁常常运用新材料想到不同的建构方法。他对创造性的运动也很有热情，在圆圈时间经常提出以新的方式律动的建议。他在画架上的创造性表征，全是野生动物和冒险活动！

所有这些例子都证明，孩子的活动、学习、想法和发展都是可以用许多方式变得可见并加以描述的。如果你所在单位要求你使用正式的评价语言，那你可以使用那种语言，以及你对孩子在生成课程中工作情况的记录，来展现他们的学习和进步。如果你可以自由决定使用何种评价和解释形式，那么记录为你提供了确切地展现正在发生的事情及其原因的机会。

教师的声音：老树

在拉尔夫·瓦尔多·爱默生幼儿园，正好矗立在游戏室窗外，并深受大家喜爱的老白松——学校里的每个人都称它为"老树"——正在表现出衰老的迹象。一场暴风雨过后，一些树枝掉落在了屋顶上，操场管理员有些担心安全问题。教师们在为要把老树移走而苦恼，因为这棵树是学校生活不可缺少的一部分。自从建校以来，孩子们透过窗户或走到户外观察老树随季节发生变化，鸟儿和松鼠在树上安家，在烈日下进行户外游戏时老树为他们遮阳蔽日。尽管孩子们和教师都热爱老树，但它还是要"走"了。在决定将"与老树说再见"作为和孩子们一起工作的焦点之后，教师们将记录的内容锁定在：他们对老树的依恋，孩子们对老树本身的感知，以及它最终被移走。

老 树

得知我们的老树必须被砍掉的那天,教师和孩子们开始在圆圈时间讨论这棵树。

教堂操场的管理员芭芭拉,说这棵树很老了。马修猜有7岁了,蒂米猜109岁,里弗猜30岁,莉莲猜14岁。

芭芭拉还告诉我们,老树正朝着建筑物倾斜。莉莲认为也许我们可以用手推的办法让它直起来而不要倒下去,蒂米说我们应该用2根粗棍子把它支起来……但老树有38米高,当它的年龄再大一些就无法抵御大风了。

我们决定围着老树去散步。马修注意到老树比建筑物另一侧的那棵树高。站在树底下抬头看,我们看到所有的树枝向外生长。一个鸟巢让蒂米惊呼起来。我们也注意到,其他树的树枝与老树的树枝缠绕在一起。我们盯着树皮看,发现了很深的裂纹和昆虫的洞。

然后,我们决定抱抱老树。7个幼儿才把它抱住。

再次回到圆圈时间,我问幼儿,他们觉得树有没有情感。有的。如果把树砍掉,它会难过的。树会哭的,要么它们会崩溃。当老树被砍掉的时候,其他所有的树真的会很难过。但是,也许我们可以拍些照片来纪念老树。也许我们可以在操场上留几段老树,或者也可以用老树做一些东西……我们可以再建一个树做的城堡,带有往下滑的木滑梯和往上爬的梯子……也许我们可以用老树做踩脚的圆圈(stepping circle)……我们应该数一数树的年轮,看看老树有多大了。

我们将失去老树,但是通过照片和故事,我们会永远记住老树。

苏珊·哈格纳园长希望这个记录不仅要捕捉到老树,而且还要表现老树与孩子们之间深厚的、更个人化的联系。教师们该如何展现这一点呢?她和教师们该如何为老树被砍掉这样的一个重大而伤心的事件做准备呢?

当教师们着手进行这个调查的时候,苏珊表达了她的想法:

那天得知老树必须被砍掉时，我们在集体活动时间进行了关于树的谈话。得知这个消息是令人不安的。我们只有很短的时间来为孩子们做准备，因为老树将在三周内被砍掉。教师表现出了强烈的情感，孩子们也想了解我们的感情。我们的工作从记录对话开始。这是从我们的记录中选取的一个文本示例。

操场管理员告诉孩子们这棵树非常老了。马修猜有7岁了，蒂米猜有109岁了，里弗猜30岁，莉莲猜14岁。我们还被告知这棵树正朝着建筑物倾斜。莉莲认为也许我们可以用手向上推使它不要倒下来。蒂米说可以用两根粗棍子把它支起来。但是我们知道这棵树有38米高，随着年龄增加，它就难以抵御狂风了。

我们决定围着老树散步。马修注意到老树要比建筑物另一侧的树高。站在老树底下抬头向上看，我们可以看到所有的树枝伸展出去。"一个鸟窝！"蒂米惊叫道。我们也注意到其他树的树枝与老树的树枝缠绕在一起。我们盯着树皮看，发现了很深的裂纹和昆虫的洞穴。接着，我们决定抱一抱大树。这棵大树要7个孩子才能抱住！

又到了集中的时间，我们问孩子们老树有没有情感，他们说：

有的。如果把树砍掉，它会感到难过的。

树会哭的，要么它们会崩溃。

当老树被砍掉的时候，其他的树真的会很难过。

也许我们可以拍些照片来纪念老树。

也许我们可以在操场上留几段老树，或许也可以用老树做一些东西。

  我们可以用树再建一个带有可以往下滑的木滑梯和往上爬的梯子的城堡。

  也许我们可以做踩脚的圆圈。

  我们可以数一数树的年轮，看看老树的年纪有多大了。

这个记录文本给读者提供了一个场景。它把照片和绘画作品放在情境之中，解释了孩子们对树的情感，叙述了教师为什么要记录孩子们关于树的对话。阅读这个文本，我们可以很清楚地看到，老树对教师和幼儿都是很重要的。文本揭示了对于将这棵树保留下来、树可能会有什么感受，以及在这棵树不可避免地要被砍掉的情况下还可以做些什么等问题，孩子们有什么想法。

阅读这份记录，让我们对学校的情感生活、教师展现出来的对孩子们想法和情感的尊重，以及教师与幼儿之间的合作有了一些了解。

  在接下来的几周里，幼儿有很多机会去研究和表征老树。有趣的是在许多孩子的素描和绘画作品中，只用树干来表征树。经过反思，教师意识到，对孩子而言，树的这部分是他们能够近距离看到和触摸的。换句话说，树干是他们能够直接体验到的——这是个人化的。

在这里，我们看到，对教师来说思考他们所收集的作品（这个案例中是绘画），是件多么重要的事情啊！注意到孩子们在画树的时候只画树干是一件很小的事情，但教师们能通过反思意识到那是幼儿的视角，它表征的是幼儿的直接经验，这是很有洞察力的。

  把老树移走的那天到来了，孩子们目不转睛地观察着老树的树枝一点一点被砍下来。他们的情感得到了承认和确证。这

个过程都被认真地拍摄下来。孩子们告诉我们:"我们会想念老树的,但有了这些照片和故事,我们会一生都记住它的。"

这些天来,孩子们将老树的三段树干保留下来,用作游戏场的踩脚石。树的楔形基部能触发人们去回想老树昔日的巨大和雄伟。窗户外一个巨大的树墩被用作饲料台,那里经常放一些种子和水果,这样孩子们可以观察来来往往的动物。老树继续给孩子们带来欢乐和学习。

这个纪录在几个方面都是有意义的。它确认了幼儿的情感以及他们与老树的关系。他们能够重温这个纪录——它被醒目地陈列在教室里大家集中的地方——并且可以在任何他们希望讨论的时候进行讨论。做纪录对教师和孩子们来说都是一个重要的过程。这个过程能让彼此打开心扉地交谈,承认他们对这棵树的了解以及对它的情感,并在团队中思考孩子们的表征在向他们诉说着什么。最后,记录也给家长和参观者提供了一个了解学校的窗口,使他们看到学校在努力构建共同体,营造尊重的氛围。

儿童的声音:与教师合作

如果儿童的档案夹的确真正地表征了经验和学习,那么儿童对于把什么东西放进档案夹中有一些自己的想法就是顺理成章的了。

在哈利法克斯市朱比利路儿童中心——一个使用生成取向的崭新的儿童日托中心——在小组活动时间,教师第一次向孩子们介绍他们的档案夹。由于孩子们才上了4天学，大多数的档案夹是空的。

孩子们从每一本活页夹的书脊上辨认自己的名字。他们看看活页夹的里面，发现一些空的塑料内袋。教师解释说这些是他们的档案夹，他们自己或教师可以把一些作品放在里面保存。孩子们认为活页夹的封面需要有一些照片——因为它们太空了。于是，这次小组活动时间就让孩子们画自己，然后讲述他们喜欢做的事情，由教师记下他们说的话。大多数孩子把自己的名字写在自画像上，这张自画像被贴在活页夹的封面上。

在接下来的几天里，有些孩子开始对自己的档案夹表现出强烈的兴趣。他们每天都要去看一看档案夹里面是否有一些新的东西出现，他们自己也将绘画和书写作品放进去。在那种情况下，教师会让幼儿说一说他们的作品，然后把这些话记下来与手工作品放在一起。

下面几个例子是孩子们在教室的书架上看到自己的档案夹时的第一反应：

> 我知道哪一个是我的，它上面有我的名字。
>
> 我的东西放在里面——这是我写的字。
>
> 我玩了拼字游戏，然后，我写了这些字。
>
> 看！（对另一个孩子说）这是我的作品！
>
> 这里有好多空白页。
>
> 苏珊，什么时候我可以把更多的东西放到这里去？
>
> 我能把它拿回家去吗？

把孩子们的作品保存在一个特殊的属于他们的地方，这既能让孩子们对自己的作品产生自豪感，也能让他们对接下去发生的事情产生兴趣。我们经常听到孩子们说（几乎是对自己说的）："我要把这个放进我的档案夹里去。"档案夹被装满时，教师就会让孩子将它带回家去，作为孩子在读幼儿园期间的珍贵记录，让他们的父母保存起来。档案夹放在幼儿园期间，则由孩子们自己保存，并定期阅读自己的或别人的档案。

7

第7章 教师作为研究者

儿童是顶级的研究者,因为他们正在探索世界是如何运转的。为了做到这一点,他们将自己的身心投入实验,用试错法去试验,提问,仔细观察他人并模仿他们的动作,用心地观察生活的展开。儿童拥有关于事物是如何运作的理论,他们甚至不惧怕去尝试解决最复杂的问题:复印机是如何工作的?飞机是如何飞起来的?被问到这些问题时,成人可能会说:"我对这个问题一无所知!"但4岁或5岁的孩子常常会试着去充分思考这些问题,他们富有洞察力的回答会让我们大吃一惊。我们成人只是被迫去提问。

在教室里与儿童直接接触的幼教工作者,可能不愿称自己是研究者。然而,如果我们把研究看成是教室里的一种存在方式,一个为了获得新的结论而进行调查和研究的过程,那么我们也可以把运用生成取向发展课程的幼教工作者视为研究者。在这种类型的实践中,我们整天沉浸在资料中。如果我们关注这些资料,记录这些资料,并且为了产生新的理解和方法而运用这些资料,那么我们就参与到一个探究的循环之中了。

教师研究以这种探究的循环为基础,并带着教师所具有的质疑气质。教师质疑什么呢?对于一名反思性实践者而言,任何事物都可以引发思考。正如佛蒙特大学的让娜·戈尔达贝和迪伊·史密斯所指出的,探究循环始于提出一个问题。当你在教室里工作的时候,你所观察、记录和收集的任何东西都变成可以被组织、分析和解释的资料。从这个角度看,通常在与同事的对话中,你就可以开始形成关于正在发生什么事情、儿童正在思考什么、这能为将来的工作提供什么样的可能性的理论。在这个过程中,甚至不可避免地会产生更多的问题,促使你去再观察(in Hill, Stremmel, and Fu, 2005)。这样,我们慢慢地进入了一个循环的、持续的过程,加深了我们对儿童的理解和与儿童的合作。

爱默生幼儿园园长苏珊·哈格纳描述了她的团队看上去像什么:

> 我们就像科学家一样研究儿童对什么感兴趣……我们正在收集资料,通过所拍摄的照片和所记的笔记,我们对正在发生什么事情做出决定。在我们每周或每日的会议上,我带来了这个资料,它触动了我们的记忆,为我们提供了讨论的焦点。我认为摄影真的已经改变了事物。对我而言,它让我回忆起记忆中还没被写下来的东西。每天都有线索发生,但直到你对6周来的照片、笔记进行回顾,并思考"这就是所有一切开始的地方!"你才会把这些线索联系起来。

正如苏珊指出的那样,有时候我们没有立即明白我们所见事物之意义,但经过一段时间后再回头看,意义就会变得更清晰了。探究通常不是线性地、有条理地开始和结束,而是有一个循环的、螺旋状的或曲折的过程。换言之，我们带着自认为理解的东西前进了一点点，然后，当我们由于持续地观察和反思幼儿正在进行的工作和正在形成的想法而获得了更多的认识之后，又会重温那个假设。

反思和教师研究是相互缠绕的。你需要深入思考才能找到答案，甚或者为了找到那些答案，需要决定接下去做什么。新罕布什尔州的一名幼儿园教师劳里·古德诺评论道："我想了想大师班（生成课程协作组）对我来说有多重要，因为在那里我们所讨论的问题比在教室情境中讨论的问题要更深入，范围更宽广。就是这些更为深入的问题（为什么幼儿要建构房子？为什么要围合？当他们扮演宠物的时候，他们在寻求什么？）提升了我带进教室的思维模式。对这些问题的思考使我的观察更敏锐，更少急急忙忙地去'做某事'、去教、去干预、去打断。反思让我有机会把时间拉伸了。我更少担心我的邀请会对幼儿的游戏产生什么影响，更多地去考虑这个游戏是什么。"

当劳里提到"拉伸时间"的观点时，她重复了大多数教师经历过的需要：当身处其中时，我们只是没有时间停下来对正在发生的事情进行深入思考。然而，当我们确实找到课外的时间坐下来思考，尤其是与同事一起时，我们开始寻找我们有兴趣去探究的问题。这些问题可能是一些大问题，例如，"孩子们是如何向我们展示自己的思想的？"或者"孩子们是如何为对方的学习相互提供鹰架的？"另一方面，你可能想了解一些非常具体或实践性的事情，例如，"我们的每日常规是如何提高或制约了游戏的流畅性？"或"为什么幼儿坚持要在教室里把积木搬来搬去？"

每位教师的实践和哲学，在某些方面与其他教师有不同之处，在另外方面又有相似之处。教师研究的令人兴奋之处是无论你使用过什么课程，无论你受过什么样的训练，你总是会有一些关于儿童正在做什么、为什么他们要做这件事、他们是如何做的，以及你作为教师可以从中学到什么等问题。换句话说，作为一名好奇的教育者，你总是会有"亟待解决的问题"。

教师研究的准则

教师研究的类型有很多种，进入研究过程的方法也有好多种。事实上，整本书都是在阐述这个主题。但是为了把我们在本书中已经讨论过的关于生成课程的所有方面都集中起来，我会在生成课程的要素和教师研究的一般原则之间建立联系。

提出你的问题

之前，我们学习了如何观察和观察什么，如何对观察到的东西进行记录，如何对这些记录进行组织，以便于今后讨论时用到它们，也可能在制订课程计划时用到这些资料。如果你已经做了这么多了，那么你就已经处在提出教师研究问题的有利地位，这是探究循环的开始。

当你通读笔记、察看照片和手工作品时，头脑中可能会出现很多问题。如果头脑中的问题太多了，你必须把它们缩减，使工作更容易控制，或者寻找你的教学团队感兴趣的一个焦点问题。当然，你也可以作为个体去从事教师研究，让你的同事扮演辅助的角色。

在形成你亟待解决的一个问题时，你会发现如下几点会对你有帮助：

- 在教室里所观察到的或听到的事情中，什么让你感到困惑？什么吸引你愿意去了解更多的东西？你想知道什么？
- 什么导致你认知不平衡？有时候我们观察儿童的游戏或聆听他们的对话，这会对我们之前的理解产生挑战。伴随着带来的这种不舒服，它会使得我们对自己和自己的实践有新的认识。

- 思考一下你的问题的措辞。是否通过收集资料就能回答你的问题？你是否能够通过观察、邀请、对话、阅读或重温纪录找到问题的答案？
- 记住教师研究应该为你的教学提供信息。毫无疑问你会动用以前的经验、知识和专业训练来帮助你找到答案，加深自己的理解，但是无论你的问题是什么，对该问题的研究应该对你在教室做什么和如何做产生影响。
- 你能让其他人参与进来，以提出理论并回应你的问题吗？是儿童吗？是其他教师吗？是家长吗？是社区成员吗？

合作与支持

在理想的情况下，生成课程包括与他人一起思考。在课程计划会议上，或者在与同行或主管交谈时，你可能希望提出自己的研究问题，分享你最初的观察记录，看看是否有人希望与你合作。如果有，两个脑袋总是要比一个脑袋强。如果没有，你当然可以请求他人扮演辅助者的角色，"让他们睁大眼睛"留意事件，记笔记，收集可能对你有用的手工作品。你的行政主管也可以是一个巨大的靠山，为你提供鼓励、资源和最为宝贵的场所和时间。

你还需要什么其他的支持呢？专业的文献、工作坊或小型研讨会可能也对你是有用的。有时候，与知识丰富的同事进行一次对话可能对你非常有帮助。某些家庭是否有兴趣与你一起思考呢？也许，至少有孩子参与其中的家庭愿意追随你所思考的问题。如果向他们发出邀请，一些家庭可能会贡献自己的洞见。

回顾与反思

资料（观察记录、照片、手工作品等）的审阅是一个持续的过程。有时候，为了从我们所看到的东西中抽取意义、寻找解决问题的答案，我们不得不一再地看资料。这样做可以让你去反思：特定的资料正在告诉你什么、能为今后的行动提供什么可能性、让你想起什么别的问题。与别人讨论，会让我们独自一人看不见的东西变得更清晰，在这一点上，合作是有吸引力的。许多不同的观点也给你的进一步思考提供极好的启示。

形成假设

这听起来似乎非常学术，但它其实非常简单。你对教室里正在发生的事情有什么想法或理论？相信自己，去做一个有根据的推测。为你自己的教学提供依据，这样随着课程的发展，你会开始有一些关于"事情如何和为什么以某种方式发生？"的想法。分析资料的过程就是你尝试着对自己之所见赋予意义的过程。实践不必总是来自理论，理论也可以来自你的实践。

由此可见，尽管反思要花费你的时间，但反思是必不可少的。这正是为什么视频和音频记录如此有用的原因。它们可以被暂停，以便让我们更仔细地对该事件进行审视。当你进行反思和参与专业性的对话时，你几乎肯定会发现自己发展了关于"正在发生什么"的理论。因为这些理论刚开始建立，可能还非常不确定，你会去思考使你能够回应幼儿的策略（例如鹰架、提供邀请、参与长期项目或对环境做出改变）。

此外，你可能在思考：你的理论对你将来的教学可能会产生什么影响。这样，课程生成和理论发展就齐头并进了。儿童的理论和教师的理论都被看作是教师和儿童在学习旅程中的合作和前进。教师和儿童都是学习者，都是研究者。

制订下一步计划

这里是我们螺旋回到循环开始的地方。当你规划接下去做什么时（对孩子的和你自己的问题及理论都进行回应），你再次开启了探究循环：观察和记录，反思和合作，理论建构和回应。当你处在质疑的心态下，带着比之前更多的问题回到循环起点的情况一点也不罕见。当出现教师拥有的问题比答案更多的情形时，与其把这种情况视为退步，还不如将之视为成长！

在下面的例子中，当幼儿园教师凯蒂仔细观察儿童的时候，头脑中产生了一系列问题，她不仅想知道他们正在做什么，还想知道为什么没有出现表征性作品。

教师的声音：凯蒂亟待解决的问题

很长时间以来，复杂的积木建构一直都是CFDC的孩子们感兴趣的活动。该班级已经把课程的主要部分发展成对这一现象的回应。教师对积木建构活动的鹰架和记录也已经进行好几个星期了。再次对这个游戏进行仔细观察的凯蒂请孩子们用图形表征自己的建筑物。

这个学前教育团队一直持有这样的信念：当幼儿使用各种媒介去表征自己的作品时，这有助于巩固他们的知识，扩展他们的思路。在乔治·福门博士的视频《杰德画自行车》中，他证明了一个论点：当我们邀请幼儿去思考和展示某个事物如何工作时，他的思维就得到挑战和鹰架。出于类似的想法，凯蒂经常请孩子们画他们的构造物。然而这些非常能干的4、5岁孩子的回答总是同样的："我不会画。"还有，无论材料多有吸引力和刺激性，班上的大多数男孩还是拒绝做与美工区有关的事情。

作为一个团队，教师讨论了不会画画的那部分儿童的认知能力。当我与团队成员碰头的时候，我们一起回忆了在我们还是小孩子的时候，绘画曾经如何成为游戏和家庭生活的一部分。为了让我们有事情做，我们的父母经常只给我们提供铅笔和纸，让我们自己随便去画。我们的假设是，也许当父母忙的时候，是电视机或电脑让现在的孩子有事情做。不管如何，凯蒂看到了让孩子们在这个领域建立自信的机会，并着手安排了一些小组活动使这一想法付诸实现。她亟待解决的问题是"我如何才能把儿童对于积木建构的浓厚兴趣与在美工区用各种各样的材料表征这个作品之间建立联系？"以及"我如何才能让儿童在绘画方面建立自信？"

在这一点上，我们可以看到凯蒂是经过仔细观察的。她已经注意到，除了幼儿的游戏，孩子们不愿意画画，她对此感到奇怪。作为一名有好奇心的从业者，她不仅要问为什么而且还与团队成员一起商讨，一起思考他们的价值观、他们的前知识，以及接下来将会发生什么事情。

在秋季，凯蒂在小组活动时间只给每个孩子提供半打积木。为了退后一步从孩子们所处的发展空间出发，凯蒂想出了一个跟屁虫游戏（模仿他人游戏）。在这个游戏中，一个孩子要用积木完成一个设计，其他幼儿要试着把它复制出来。孩子们非常喜欢这个游戏，愿意一遍又一遍地玩。凯蒂假设，这种非常具体的表征形式开发了幼儿看一个积木设计之组成部分的能力。

接着，凯蒂给幼儿提供各种材料用于表征他们的构建物。她开始尝试用乐高积木，但这种材料被证明是有挑战性的。孩子们意识到乐高只能被垂直地使用，它们不能用于表征他们的二维的设计物。他们没有想到以不同的方式使用乐高。一个孩子甚至把他的积木建筑物改变成垂直的设计，这样他可以用乐高更加成功地进行表征。

经过重新思考之后，凯蒂提供了一套与之前不同的材料。她选择了二维的材料，包括小的平面泡沫图形块和冰棍棒。她的理由是，这些材料可以模仿单元积木的形状，只是尺寸稍小一点。幼儿用这些材料成功地进行了表征。他们可以照着一个简单的积木构造，运用这些新材料在地板上平面地将它表征出来，或用胶水将其粘在纸上。这个从三维再表征向两维再表征的重要转变，使幼儿从不同视角看事物的能力有了巨大的飞跃。

需要指出的很重要的一点是，凯蒂一直在认真考虑幼儿能够做什么、不能做什么，她可以提供什么鹰架。她提供了不止一次邀请，而是好几次，直到孩子们感到更加自如。她也努力使这个工作既好玩又与幼儿对积木建构的兴趣结合起来，同时还引入了再表征的概念。

在孩子们经常用这些材料工作了2-3周之后，凯蒂再次邀请他们用

绘画的方式对所做的事情进行表征。有几个孩子进行了尝试并对结果很满意。由于在小组活动时间完成的积木建构物比在积木区完成的作品要简单得多，再加上他们现在又有了一些二维表征的经验，孩子们就对用图形表征不那么害怕了。

既然孩子们能在小组活动中进行表征，于是凯蒂再次提供机会让幼儿在积木区画更复杂的建构物。这一次，她发现孩子们在画画方面不仅更自信了，而且技巧也提高了。

在寻求问题答案的过程中，凯蒂学到了什么呢？下面是从我与她的对话中摘录的一段话：

苏珊：在做这件事中，你学到了什么？

凯蒂：一小部分孩子可以在头脑中形成一幅图画，然后将它画出来，但对大多数孩子们来说这是有难度的。我感觉他们的困难就在于他们有点害怕画画，这促使我决定尝试用各种媒介帮助他们成功。我怎样才能使表征变得更容易一点呢？要想出这个办法很难。我可以做些什么让孩子们在这个方面获得成功呢？各种不同的媒介——冰棍棒、平面泡沫图形块——用于模拟他们在使用的积木；他们的相似之处在于都是平的。我必须学着观察孩子们的纠结，对材料进行重新思考，退后一步让他们去画由4块积木搭建的简单构造物。

苏珊：所以这里有一个重新评估的阶段？

凯蒂：是的——努力思考！我需要反复地像这样察看事物，也许每6个月一次，寻找孩子们的进步。我真的惊讶于他们的发展。他们最终从根本不画画发展为能用铅笔表征建筑物。

苏珊：在整个过程中，您认为自己对幼儿的影响体现在什么方面？

凯蒂：最近我做的一件事情，只是想看看他们能不能做到，把计划要建构的作品先画出来，然后再建构……

苏珊：这么说，你是把过程反过来了，把这个过程调个头，用不同材料画……

凯蒂：是的，我必须对此进行鹰架。当他们被难住的时候，我请他们思考如果用积木去建构会是什么样的造型，这使他们又有了头绪，我又能"撤"出来了。

苏珊：这个活动如何改变了您的教学方法？

凯蒂：在这里，我们的教总是基于我们的观察。这些孩子是玩积木的高手，但我必须思考他们能做什么、不能做什么。如果他们不能做某件事情，我就需要退后一步思考，提供新的挑战，这样他们就能够前进。我们真的可以在表征方面提供更多的鹰架。在这方面我们以前做得很少——我们的美工区是非常开放的。但我们可以教他们如何使用材料和工具……提供所有常见的选择，但是教师可以给孩子们提供更多的机会让他们去表征自己感兴趣的事物，如果每天这样做就会很放松，进行建构的时候就会更自信。我认为现在社会上有些人害怕画画——我知道我自己就是这样的！——我们必须消除这种害怕。

显然凯蒂在工作中是勤于思考的。在这个对话中，我们感觉到她给孩子们提供的材料中带着自己的好奇、关心和思考。孩子们的成长激发了她去思考孩子们能做什么和不能做什么，并用谨慎的鹰架对此做出回应。现在凯蒂的头脑中有一个关于如何对本班的美工区进行微调的计划，这个计划是建立在她向幼儿学习的基础上的。

随着研究的深入，凯蒂事实上已经开始定期在美工区提供幼儿熟悉而感兴趣的造型材料作为邀请物让孩子们画画。孩子们的确变得很乐于参与画画。对于自己的绘画作品，他们也有很多话要说，这反过来使教师们更能够看见他们的思维。现在，孩子们能够经常出于各种不同目的而自信地运用图画语言进行表征。

我们看到凯蒂开始只是好奇而已，接着形成一个问题，利用观察和手工作品，然后有机会花时间去思考这个问题，并与他人进行对话。最后，她制订计划去回应幼儿，并对所发生的事情进行记录，再次去观察。在整个循环中，凯蒂既了解了自己也了解了教学——尤其在鹰架领域——因为她变得能更深入地在智慧层面从事工作。

> **儿童的声音：儿童作为研究者**
>
> 一位学前儿童曾对我说："我妈妈在家做研究。"我问道："你知道什么是研究吗？"他回答说："研究是弄清楚资料。"如此简单，却又如此确切。教师和儿童都想弄清楚资料。有时候教师和儿童可以一起研究——例如，当主题对两者来说都不熟悉的时候。有时，当某个教师所熟悉的事情引发了幼儿的兴趣，她会选择让幼儿自己去发现它。当孩子们试着自己去发现时，教师用资源和经验提供支持，赋予他们建构自己知识的权力。
>
> 下面的轶事记录阐述了教师使用的一些简单方法，让幼儿去建构对幼儿园所在社区的认识。在崭新的哈利法克斯朱比利路儿童中心就读的孩子都来自该中心所在的社区，但是他们彼此之间不熟悉，他们与教师不熟悉，与建筑物本身也不熟悉。游戏室提供了一个有趣的视角，让孩子们去观察繁忙的十字路口。在入园的头几周里，正是十字路口的交通和房子前面的人对孩子们产生了吸引力。
>
>
>
> 日复一日地，孩子们观察着来来往往的车辆。教师注意到孩子们能辨别许多类型的卡车和小汽车，尤其对于数出租车很感兴趣。教师想知道"幼儿为什么会对出租车感兴趣呢？他们有哪些关于出租车的前经验呢？"在反思了什么是真正让幼儿感兴趣的东西之后，他们认为可能是顶灯（幼儿一直在提及的东西）和出租

车数量使他们着迷。他们似乎觉得出租车的数量非常滑稽，每天早晨当过往的出租车的数量变得越来越大时，孩子们的笑声简直闹翻天了。作为一种邀请物，教师提供了可以夹纸的书写板。这样，当出租车经过时孩子们就可以用在纸上做记号的方式进行记录。

这个活动让他们着迷了好几天，直到他们开始去注意人行横道上的警卫。下面是对孩子们评论的记录：

> 他举起停止标志，所有的汽车就停下来了。

> 每一个人必须等待，这样他们才会安全。

> 他骑自行车去上班。自行车被绑在电线杆上！

> 他为什么朝我们挥手呢？

之后不久，另一个事件引起了孩子们的兴趣：在马路对面房子的烟囱上工作。孩子们的对话再次提供了一些关于他们思维的线索：

> 他身上为什么要穿着那些皮带呢？

> 他正用手电筒朝烟囱下面照。它一定是破了。

> 他把一些什么东西放在那里！

教师对于孩子们可以如何去研究自己的社区，以及自己可以如何去支持该研究进行了思考。他们认为，由于孩子们关注的是环境中对他们而言有新鲜感的各个方面，这些事物可以被拍成照片和被重温。此外，他们还将邻居们日常散步的照片补充到这个纪录中，这反过来又引导孩子们指出自己认识的房子、面包房、邮递员，等等。显然，有些孩子对邻居的了解比教师更详细。教师想知道，幼儿是否会用图画的形式向教师展示事物的位置。

为了回答这个问题（伴随着与同事的讨论），一名教师在圆圈时间呈现了绘制地图的想法——从学校所在的环境开始——假设从这里可以扩展到整个街区。孩子们对绘制学校的地图产生了浓厚的兴趣。教师们观察着，等待着。不久以后，在美工区，一个孩子自发地在画整个街区的图。接着，其他的孩子与这张地图产生了互动，讨论他们住在什么地方，他们去过什么地方。

所以，从只是观察孩子们透过窗户看社区这一行为开始，教师们就能对孩子们已经知道了什么进行反思，给他们提供了向教师展示自己邻居的机会，发起一个表征的邀请，并再次进行观察。儿童通过对他们所了解的事物进行表征，建构自己关于地图的知识。教师解答了自己所提出的关于孩子们表征社区的能力的问题，同时用孩子们透过窗户看到的东西来吸引他们参与对社区的表征。

教师为什么要参与研究？

要与孩子们在教室里朝夕相处，这在身体上和心理上都对教师提出了有很高的要求。这些挑战还因低薪水和工作价值被社会低估而雪上加霜。当教师被要求承担过多的义务，尤其是如果他们不能收到关于自己所做工作的积极反馈时，就很难让他们继续保持对工作的热情。

把自己看作一名研究者，在思维上提供了一种转变：把教室里的每日常规工作变成有意义的、在智力上有启迪的、有价值的工作。一旦你在思想上转变了自己在教室里的角色，你对教室里正在发生事情的认识也开始转变。

教师变得更富有权力，在于他们因受到激发而对自己的工作、教学的意义、幼儿的思维过程进行深入思考。当我们开始提出"该幼儿在思考什么问题？我们怎样才能使之看得见？我们如何才能展现我们的工作？"等问题时，我们的课程就属于课堂和更广阔的社区，也就呈现出它自己的生命力。课程不是变得如某些人认为的"对所有的孩子有好处"，而是变得确实适合这一群特定的孩子。幼儿及其家庭、教师和所有支持幼儿学习的人都将投入这项工作。它赢得了该有的重要地位，同时随着这项工作的展开，培养了孩子们对学习的热爱，培养了教师热爱观察和支持学习过程的习惯。

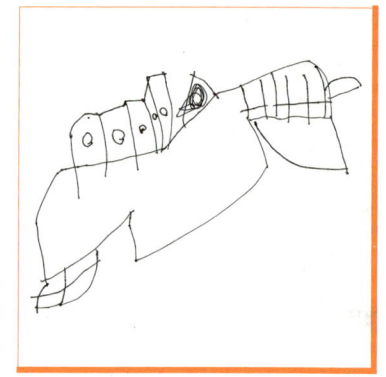

第8章 汇总

我们已经知道,要让生成课程发生,几个组成要素必须到位:用多种方式进行观察;接着便是反思和与教师团队进行对话;然后做出深思熟虑的决定;邀请孩子们参加;对长期项目中发生于寻常时刻的每一件事情进行记录,所有这些都通向对教与学的解释。随着生成课程的这许多要素结合起来形成一个对儿童和教师有吸引力的、有意义的、丰富的课程,这些要素在现实生活看起来怎样?要回答这个问题,我们不妨去了解一下"娃娃项目",以这个项目为例,来说明幼儿游戏与教师回应之间的微妙互动。这个典型的长期项目被发表在《幼儿》杂志(Wien, Stacy, Keating, Rowlings, and Cameron, 2002)的一篇文章中,其中部分内容被摘录在本章中。

从几个方面看,娃娃项目是独特的。尽管参与这个项目的孩子非常小(2、3岁),他们在长达几个月的时间里持续地参与此项目。这让教师和家长们都惊讶不已，因为我们通常不会期望年龄这么小的孩子会长期关注一件事情。事实上，有些教师甚至犹豫是否要在小年龄孩子中尝试项目工作。在这个项目中，我们将看到，当教师的回应与孩子的想法和评论步调一致时，即便是年龄很小的孩子也能真正保持兴趣。

还有，社区的参与水平也是出人意料的，教师做出带孩子们去什么地方的决定是大胆而新奇的。当教师在回应孩子方面变得越来越有创意时，更广泛的社区真诚地欢迎这些孩子的群体及他们所参与的研究活动。

这个项目也为思考"要维持生成课程的进行，哪一种支持是必要的？"提供了值得思考的东西。随着教学团队进入一个对他们而言是全新的领域，他们得到了来自行政管理者、同事、一位艺术家，以及彼此间的支持。

那么，跟随着这个项目展开，我们看到生成课程的所有方面都融入一项研究：以观察为起点，在教师中进行反思和与管理者一起反思，以活动、材料和实地考察的形式发出邀请，为了反思和分享而进行的纪录。

这个生成课程始于一个简单的想法。教师注意到孩子们沉溺于玩娃娃，经常把教室里的娃娃拿出来，给它们洗澡、喂东西吃、梳头，带着它们到处走，把它们放下来睡觉。在好几个星期中，这个游戏反复地出现。通过向他人咨询和与他人合作，教师决定向每个孩子提供一个手工制作的没有明显特征的布娃娃。

在幕后，一个关系网络发展起来了。艺术顾问朗达·韦克利·福廷设计并制作了色彩鲜艳的娃娃，它们的肤色和体型多种多样，从极瘦的红褐色娃娃一直到丰满的桃红色娃娃都有。

她还设计出脸形特征和假发款式较为简单的娃娃,并把它们装在带有拉链的塑料袋里。幼儿园园长巴布·比奇洛,时任园长助理的苏珊·斯坦利,联系了曾向我们传递过意大利瑞吉欧·艾米利亚课程和生成课程的相关理念、书籍和文章的卡萝尔·安妮·威恩。

带着对实践改革的兴趣,园长请员工们阅读了爱德华兹、甘迪尼和福门(1993)的部分著作,并对基于幼儿兴趣的项目工作进行思考。苏珊与教师们坐在一起召开早期计划会议,她挑战教师的想法,传播重要的读物,提醒老师们开始进行项目活动。她也为老师们的记录活动提供实际的支持(例如拍摄视频、拍照片、冲印照片),与他们一起把记录制作成展板给其他人看,还把对话转录成文字,并与照片和绘画作品一起,放入教师为儿童个体准备的档案系统中。但是这个项目本身属于教师和孩子们。

对于教师来说,"项目工作"教学法是一种新的教学法。苏珊受到亨德里克所描述的用瑞吉欧·艾米利亚的理念来工作的启发,建议教师从关注孩子们的对话开始。这似乎是一个不寻常的开始。来自我们文化之外的理念对我们来说,往往是陌生的。当我们用它们来开展工作时,就变成一种演绎,即透过我们自己的文化理解的镜头去审视。当我们在自己的经验范围内对其进行处理时,它们就变形了。

随着该项目工作的开启,我们已经能够看到生成课程的许多方面。教师从观察幼儿的游戏开始。观察是没有间断并有吸引力的。在他们看来,观察需要特别集中注意力。接着,他们与其他人(他们的行政管理者,最终设计并制作项目中要用到的娃娃的艺术家)一起商量,对"如何开始这个项目"进行了反思。至此,他们已进入了一个对他们而言是全新的领域。从将自己与幼儿的对话进行录音开始,这样他们能够对孩子们所说的话进行反思。记住,没有别的事情是被事先计划好的。正是这些对话将引领着教师接下来的行为。不熟悉这种方法的人可能会觉得这种方法有点模糊,甚至有点令人生畏。然而,正如我们将会从孩子们的评论中看到的一样,假如我们留意,孩子们总会指引我们朝着下一步前进。

这样,带着些许惶恐,每位教师向一组幼儿展示了一个简单的布娃娃,并把他们的对话进行了录音。

"这是一个宝宝。我有一个宝宝。"

"它没有眼睛。"

"我的肚子里有一个宝宝。"

"我也有。"

"它没有眼睛,没有嘴唇,没有牙齿,没有嘴巴,也没有头发。"

眼睛的优先性

不出所料,孩子们最初注意到的是娃娃没有眼睛。"我的娃娃看不到你。"戴维说。太有意思了!教师邀请孩子们用镜子研究自己的眼睛。一个男孩把他的眼睑拉下来说:"红色的眼睛。看,博比,红色的。"另一个孩子说:"我眼睛里面是棕色的。"还有一个幼儿说:"我的眼睛是白色的,博比,看,是白色的。这里是黑色的。让我来看看你的眼睛,博比。"

教师与孩子们一起制作了一张简单的分类表，每个孩子在表格里放了两个代表他眼睛颜色的圆圈。把镜子合上后，孩子们又来研究他们的娃娃，与教师一起讨论娃娃的眼睛应该是什么颜色的。然后，从塑料袋里取出各种颜色的毛毡片，他们用织物胶把眼睛贴在娃娃身上。

乔艾尔承认自己努力做到"尽量不去控制"孩子们把眼睛贴到娃娃的什么部位。教师运用镜子，并以摆事实的方式与孩子们讨论眼睛的位置，但不对孩子们构成挑战——"我们只是把他们刚才在做的事情描述给他们听。"三个女孩把娃娃举起来照镜子，让它们看着对方说话。艾琳说："我的娃娃一只眼睛是蓝色的，一只眼睛是绿色的。她喜欢像那个样子的眼睛。"

教师们确保画纸和铅笔是随手可得的，有些孩子开始在画脸了。

既然没有眼睛的娃娃很显然是孩子们感兴趣的点，教师就应该把注意力放在幼儿对自己眼睛的探究方式上。镜子和分类表帮助孩子们更仔细地检查自己的眼睛。如果要求你正式地评估孩子们的能力，你可能会认为这是考察分类能力的一个好机会。然而，需要注意的是，设计这个活动的目的并非在于评估孩子们知道什么，而是要去回应孩子们自己的想法，让他们有机会去表征已经知道的东西，他们可能想以各种方式进行表征。

为了让孩子们更深入地研究和思考眼睛，教师制订了一个参观一家配镜店的计划。孩子们把娃娃也带上了公共汽车，把它们举起来放在车窗边，让它们看外面的事物。当他们穿过购物中心时显得非常兴奋：由于孩子们给娃娃看东西的时候动作过于剧烈，许多娃娃的脖子都不牢固了。

在配镜店，孩子们试戴了眼镜和太阳眼镜，谈论着视力。教师一边拍照，一边给孩子们绘画材料以记录下他们的反应。希瑟给两个娃娃戴上眼镜，孩子们惊奇地看着娃娃。他们的评论是：

"我妈妈、我爸爸——眼镜。"

"漂亮！"

"它们是用你的耳朵架住的，乔艾尔。"

"我的娃娃看到了好多东西。"

参观结束后，教师原本预期孩子们可能会想给娃娃制作眼镜，但是乔艾尔汇报："没有一个孩子说他们的娃娃需要戴眼镜，我们只好把这个设想放弃。他们只对给自己和娃娃佩戴眼镜感兴趣，但那就够了。"

在这里，就教师而言是持有一个重要的立场。他们不仅想出了实地参观这一绝妙的主意，而且还知道当一个设想只是对教师有吸引力的话就应该放弃。有时，即便是最好的设想也不能引起孩子们的兴趣。我们需要做的是对真实发生的事情进行观察，并对此做出回应。

还有，我们要思考为了筹备这次实地考察，教师事先做了哪些准备。一名教师必须到处打电话，联系一家愿意接待全班孩子参观的配镜店，然后还要向他们解释这个计划背后的原因。对于教师来说，不仅要向那些本专业之外的人清楚地表达我们正在做什么，还要说明为什么要这样做，这是一项很重要的能力。

孩子们对检查、思考和讨论眼睛等活动感兴趣的时间之长

(不是几天,而是几个星期),令所有的教师非常吃惊。什么时候他们的兴趣会转移?会转向什么东西呢?然后,教师听到孩子们的评论,例如,"我的娃娃没有头发。""我的娃娃的头是冷的。"这样的评论与孩子们对梳头的兴趣结合起来,也与对自己的头发和对老师头发的兴趣结合起来,促使教师把活动转向头发。

研究头发

希瑟邀请孩子们陪她去当地的一家发廊剪头发。发型师对于孩子们的来访是如此高兴,以至于那天早上她和同事们让发廊暂停营业,为孩子们创设探索店内环境的机会。这些2—3岁的孩子们尝试着把椅子转来转去,升高降低。当希瑟被剪掉的头发飘落到地板上时,孩子们把它捡起来,他们还坐下来把所看到的一切画出来。老师们拍摄了照片,为孩子们制作了本次参观的记录展板,让他们以后重温这次活动。这个小组后来还做了一本带有照片、绘画和孩子们评论的书,作为致谢的礼物送给发廊的工作人员。

一名发型师还受邀来班级访问。家长同意让发型师在每个孩子头上剪去一缕头发。有些家长甚至允许发型师对孩子的发型进行修剪。轮到亚瑟剪头发之前,他很是紧张,但剪了第一刀后,他笑着说了声:"哦!"剪下来的每一缕头发都被塑封后贴在索引卡上,在索引卡的背面写有每个孩子的名字。这些卡片集中起来放在一个小本子里,这样孩子们可以找到自己的头发和朋友的头发,探索这些头发在质地和颜色上的差异。

在整个项目进行的过程中,教室里专门放了一张用于研究脸的桌子。在那里，孩子们可以画画、照镜子或通过改变娃娃的特征来做实验。现在，教师取出假发，它们的颜色、长度和质地是各种各样的。有些孩子想要与自己的头发匹配的假发，有些孩子则想要与自己的头发不同的假发。当他们觉得合适的时候，就把假发捋顺并用胶水粘住。戴维评论道："现在，他是一个男孩，因为他是短头发。我是短头发，我是男孩。"一个女孩找到了一根绳子，想要给她的娃娃梳马尾辫。顿时，好多孩子也想要梳马尾辫，于是教师就将适宜的材料投放在项目工作的桌子上。

又一次，我们看到了来自教师的不同寻常的设想：参观一家发廊——不仅仅只是去看，而且还要去体验——在教室里进行一次理发活动。我们看到教师想了很多办法帮助孩子们保存他们的经验，这样他们可以持续地去重温。从这两个事件发生开始，在整个项目进行过程中，孩子们所获得的经验都被记录在展板上。

确切地说，所有这些邀请物和活动是在什么地方创设的呢？正如之前提到的，教室里有一张桌子，在那里通过使用有吸引力的材料，孩子们的研究可以持续地进行下去。但在开展每日的常规活动时，这个项目活动在什么地方进行呢？当桌子上提供了材料时，孩子们可以选择在游戏活动时间里去参加项目活动，也可以选择不参加项目活动。然而，当教师的头脑中有一些更具体的东西时，这个活动可以在小组活动时间完成。

在观察游戏活动的时候，教师注意到，当他们把一个三面镜放在玩橡皮泥的桌子上时，孩子们开始做鬼脸——皱鼻子、嘟起嘴唇。两个孩子把橡皮泥搞到脸上去了，用自己的脸颊、鼻子和嘴唇来做模子。一个孩子扯下橡皮泥面具说："看，我的鼻子在这里。"

教师邀请一位有艺术背景的大学生给希瑟的脸做一个面具，以此来扩展孩子们对这个活动的兴趣。当希瑟的眼睛隐藏在面具后面时，孩子们跟她说再见，还说"我们再也见不到你了"。希瑟认为孩子们已经意识到，戴上面具后她将看不到他们，这对孩子们来说是一个有趣的视角转换。

对孩子们来说，这是多么不同寻常的体验啊！那么孩子们的反应告诉教师什么呢？如果你也是参与这个项目的教师，你会提供哪一种鹰架去回应这种视角的转换呢？

不久以后，孩子们又说，他们的娃娃不会说话，因为它们没有嘴巴。

"希瑟，我的娃娃想要吻你，可是她没有嘴唇。"

"我的娃娃不会讲话，他的嘴巴到哪里去了？"

这样的评论为教师推进项目提供了线索。

转向研究鼻子和嘴巴

由于味觉和嗅觉是紧密相连的，于是教师决定把探究鼻子和嘴巴放在一起进行。他们计划了许多活动，包括购物之旅，烘焙姜饼人、面包和比萨饼，准备水果沙拉和家里做的冰淇淋。

苏珊拍了一些孩子们的鼻子和嘴巴的照片。教师把这些照片陈列出来，并邀请孩子们去找出自己的以及朋友的鼻子和嘴巴。这时候孩子们反复地在画脸。

孩子们拿出装有不同颜色和形状（长而瘦，圆而肥）的鼻子和嘴巴的包，选择了想要安到自己的娃娃脸上去的鼻子和嘴巴，并将它们粘上去。伊恩将娃娃的鼻子粘到肚脐上了。

在许多幼儿园，孩子们对鼻子和嘴巴的探索活动，是放在预先计划好的聚焦于感官的活动中进行的。那种方法与我们在这里看到的方法的差异是：在项目活动中，活动的焦点是由孩子们生成的，它出现在属于孩子们的时间里，是对他们兴趣的一种回应。在这所公立幼儿园，活动焦点的出现给人一种有机的感觉。现在，既然孩子们已经准备好了，在幼儿之前玩娃娃经验的基础上，教师再次提供有趣的道具和材料。

于是，一些孩子抱怨娃娃没有衣服穿：

"我的宝宝感冒了。"我们的娃娃制作者朗达提供了一些简单的衣服（连衣裙和裤子）和小布片（做腰带、头饰、披肩、围裙）。在小组活动时间，孩子们装扮着他们的娃娃。

"我（给她）穿上衣服，她感到很高兴。"

"也许这里有裙子？"

"我的娃娃的名字叫爱德华，他很暖和，穿上衣服后他感觉好极了。"

"女孩子必须穿连衣裙，因为有时候她们就是这么穿的。"

孩子们画人的作品成倍地增加。4月，茱莉亚在画一个妇女的时候还伴随着扩展性语言描述："圆的。这里是鞋子。那是她的下巴，这里是耳朵，就在这里。这是围巾，我们开始画吧。鼻子，有鼻子。还要画什么？乔艾尔。她梳着马尾辫。上面还有一颗纽扣。"

我们看到，教师依然在专注地聆听孩子们的评论。追随着这个项目的进展，你有没有感觉到这个项目是在螺旋式地发展呢？回想该项目刚开始的时候，孩子们在谈话中指出这些娃娃没有眼睛。现在，他们注意到娃娃缺少衣服，又是通过倾听，教师才知道接下来做什么。

给娃娃铺床

孩子们经常把娃娃放在床上，用随手可拿到的任何东西当作床（一块搁板，一条围巾）。善于观察的老师们决定带孩子们去参观一家当地的旅馆。在那里，孩子们被邀请对床进行探究，把一张床拆开来看看用于铺床的所有东西（床罩、毯子、上层床单、下层床单、床垫）。孩子们甚至还研究了弹簧床垫。他们尝试着躺在床上，躺下后又爬起来，还在床上跳（服务员对此并不介意）。他们还探究了宾馆房间里的东西。他们钻进床底下。一个孩子说："床垫是怎么被支起来的？"孩子们坐下来画他们感兴趣的东西。一个3岁的孩子选择画透过窗户可以看到的旗子。

朗达把各种大小的鞋盒子涂成白颜色，每个孩子都给娃娃铺了一张床，用海绵给鞋盒子上色，选择碎布做毯子和床单。他们把娃娃放到小房间的床上。"我把他放在床上，盖上毯子。"一个男孩说。有些孩子在娃娃的小床上画了一些娃娃的图画。

一旦将娃娃放到床上，孩子们的兴趣就开始自然地消退了。学期结束时，教师开始考虑如何将项目活动引回"床"上。他们举办了一个派对，孩子们、家长、老师和娃娃坐在一起吃了一顿庆功宴，跟每个人告别。让孩子们把娃娃以及它们的衣服和床带回家去。

这次实地参观旅馆的活动非常令人惊奇。如果事先被告知旅馆愿意让孩子们把床拆开来,还能在上面跳来跳去,我们无疑会对此表示怀疑。然而,这一切真的发生了。从这一经验中我们可能学到的是:在没有探究过所有的选择之前,不要把好主意当作不可能的事情而加以否决。至于社区对孩子们想法的理解,当然让我们明白:对儿童的项目进行解释是至关重要的。

反思

在6个月的项目中,许多相互联系的线索被编织在一起。项目成功最关键的因素是教师的敬业。苏珊指出,为了维持项目进行下去和提高孩子们的兴趣,组织是必不可少的。在每周的计划会议上,教师用头脑风暴的方式想出各种可能性,设计问孩子们的问题,思考孩子们可能做出的反应。

尽管如此,这一切不是那么容易完成的。由于教师运用的是回应性的计划而非程序化的计划,他们不知道接下来会出现什么,直到他们合作地设计出符合孩子们的反应和兴趣的最佳计划。这种方法会营造出一种不确定的氛围。当然,不确定就像冲突一样是专业性实践的一种特征(Schon, 1983, 1987)

在前面几章,我们讨论的问题围绕着组织与计划,以及在有准备的行为与有回应性和生成性的行为之间的微妙平衡。之所以把这个项目视为生成课程的一个好案例,其中一个理由是尽管教师初次接触这个方法,但她们成功地实现了这种平衡。这个项目中有许多组织和计划,然而，直到教师们听到孩子们在每个阶段所做出的反应，才有这些组织和计划。贝蒂·琼斯和约翰·尼莫（1994，12）指出，教师需要有"计划与放手"的能力，这个项目是这一观点的最好例证。

为项目提供支持

在苏珊看来，"从教室之外获得大量的支持是需要的，因为教师们要受到时间的限制。独自一人进行转录很花费时间。"请别人处理记录过程的组织细节，把已经完成的展板装配起来是必要的。纪录展板是由孩子们对话的文本、照片和绘画组成的。苏珊认为展板向他人展示了课程的路径，它们使学习过程看得见。纪录展板由管理人员完成，是对教师所做工作的认可，它以一种可视化的方式向幼儿家庭和本机构中的其他教师提供幼儿的学习过程。尽管完成展板很耗费时间，但它是供教师们去反思的工具，其内容丰富，引人注目，能激发思维，有助于推动项目向前发展。

教师感激园长毫无保留地给予这个项目支持，以及她对项目结果的欣赏。他们也感谢艺术顾问为这个项目所做出的宝贵贡献。

社区的支持也鼓励着教师。当乔艾尔第一次提议为了研究床而去宾馆参观时，其他教师的反应是"他们不会让我们去的"。但是店家的反应是积极的，就像发廊暂停了早上的生意，以便让孩子们进行深度探究。乔艾尔的自信有了回报。现在，她说她愿意给任何地方打电话，询问是否能够接待孩子们的参观。

最后，当父母为这个项目而激动不已时，这意味着教师的工作得到了肯定。

我们都知道，许多教师没有时间去实施灵活的常规、参加会议或支持纪录的创建。在我们的机构中，我们会尽自己所能地挤时间去做这些事情。如果你所在的机构每周只给你半小时自由支配的时间，你就要决定如何充分地利用这段时间：用于与团队成员对话以便一起做出决定？对已经发生过的事情进行纪录？为准备一次实地考察而打电话联系？如果你对项目工作感兴趣，你不会遗漏任何一项程序，通过寻求支持，你可以获得很多。答复可能是否定的，否则你会发现自己被另一种景象惊呆了。在本书的最后一章，我们将拜读一个由一名学生①指导的精彩的项目活动，她没有从共同体或同事那里得到任何帮助，这是她独自一人进行的项目。

儿童的发展

希瑟认为儿童的绘画显著地展现了他们的发展。因为绘画的主题比较接近儿童的深层次兴趣。"这使他们的表征对自己和对我们而言，都真正有意义。"她认为在有情感卷入的养育条件下，儿童的表征要比这个年龄组常见的表征更复杂。教师让绘画材料随手可得，绘画时坐在孩子们旁边与他们聊天，以此来鼓励孩子们的表征行为。

根据博比的观点，通过让孩子们一遍又一遍地重温对话和活动，去揭开深层次的思考和学习，就能让他们体验到一种深度聚焦。卡萝尔·安妮认为娃娃玩具为每个孩子创造了一个关注的焦点，使每个孩子的思想、愿望和经验可以被看见。这是非常有用的，因为2、3岁孩子的口头表达能力的发展还不充分。

孩子们作用于娃娃玩具的行为方式，以及他们所进行的与

---

① 该学生晚上上学，白天经营一家家庭照看机构。——译者注

娃娃玩具有关的对话，向教师显示了他们所关注的和渴望的东西。从这个角度看，娃娃玩具本身就成了记录的一种形式，教师可以对其进行"阅读"，并决定下一步的计划是什么。卡萝尔·安妮认为项目的力量部分来自孩子们对娃娃玩具的认同，就像人们认同书中的一个重要人物。这种移情导致对孩子们来说有深层意义的事件发生。

因为与社区互动有如此深远的意义，乔艾尔把外出参观看作这个项目最有价值的部分。"不仅孩子们获得了成长，社区也有成长：他们只是向我们开放。"她说。发廊、配镜店和旅馆的工作人员对孩子们的来访感到高兴，也表达了对2、3岁孩子的问题和真正的兴趣之惊讶。在教师看来，这些工作场所中的人们把孩子们视为有思考能力的人，而不是仅仅把他们当作可爱的孩子看待。

教师也相信，当看到教师在支持孩子们的兴趣时，社区中的人们更愿意把他们视为专业人员。希瑟解释道："对孩子们来说这是严肃的事情：他们在探究世界，我们在提升这一活动。走进社区，使我们看到许多更加专业的人。"

对于全美、加拿大乃至全世界的许多课程来说，追踪幼儿的发展是非常重要的。教师需要寻找发展适宜性的方法来评估儿童的发展。就像这个项目中的教师对儿童学到了什么进行反思一样，我们可以看到许多可以被应用到评估或档案袋中去的做法，却没看到一张检核表。

教师发展

在教室之外的旁观者看来，随着项目一个月又一个月地推进，教师在做决定时变得越来越自信、有创意和富有灵感。

在项目进行过程中，教师们对自己作为教师的形象之认识发生了改变。乔艾尔跟孩子讲话时的语言有相当大的改变。她学会了连续地解说孩子们的行为（"你正在把眼睛放到娃娃的肚子上"）而不是告诉他们怎么做（"把眼睛放在脸上"）。她意识到在行为发生之后向幼儿进行描述，比帮他们做决定更好，这有助于让她慢下脚步更仔细地去观察孩子们的反应。

见证了孩子们在表征技巧和兴趣上的发展，教师对儿童的潜力大开眼界。这强化了博比的"基于艺术的学习"之信念。她意识到，2、3岁的孩子对自己身体的认识要比她认为的多得多。"从发展的角度看，我不知道2、3岁的孩子能够做这些事情，"她说，"我曾经以为意大利的孩子（瑞吉欧·艾米利亚）一定特别聪明，他们一定在子宫里就开始抓铅笔了。我不知道这里的孩子也可以做那些事情。"

希瑟认为教师有一种自然的倾向，就是给孩子们提供"你所知道的最好的东西"。但在日常教室生活的压力之下，她说，教师担心"死气沉沉，作为教师你没有为自己寻找一些事情。"希瑟还说："（在实施项目课程之前）并非我们所做的任何事情都不好，我们只是没有动用我们的潜力。"教师觉得他们还会做那样的项目，因为他们能从中学到那么多东西。希瑟认为她将聚焦于小组活动，而不是让全班孩子都参加的活动。博比认为她会把更多的注意力放在能激发孩子思维的问题上。

正如博比所说的，"娃娃玩具项目不仅让我们有机会去教孩子，而且还让我们有机会向家长和社区展现孩子们能做的事情。这个项目将'教师'这个词回归到了本来的意义上。"

> **儿童的声音：幼儿园的一日生活**

一个孩子，也许是学步儿到学龄阶段的孩子，是如何在幼托机构中度过一天的呢？孩子们是否盼望有属于自己的时间，或者他们是否渴望有时间待在家里？最近，哈利法克斯的一名园长苏珊·威利斯表达了她对这个话题的想法，她告诉我："我经常对老师们说，我希望孩子们早上醒来后会说'我想知道今天我们在托儿所会做什么事情呢？'一种对新鲜事物和令人激动的事情的期待感就立刻展现出来，这种期待感是学习必不可少的。我希望我的员工也有那样的感觉。"

在使用生成课程的教室中，一天中有着许多能让孩子们感到舒服的可能性。这是因为一日生活的结构和常规，以及课程和物理环境，就是按照孩子头脑中的想法而创设的——不是根据"我们将如何带着孩子度过这一天"而创设，而是根据"这一天该如何设计以尊重孩子的节奏、兴趣和能力"而创设。让我们想象一下，按照这种设想建构起来的一日生活。

> 早上8点，山姆和爸爸进入幼儿园教室。在来学校的路上，他坐在小汽车里已把早餐松饼吃完。尽管山姆已经在这个幼托机构上了3个月学了，但是每天早上要与爸爸分离还是很困难。一位教师走到门口迎接他们。另一位教师正在积木区与一小组幼儿一起工作，这个区域也是山姆最喜欢去的地方。
>
> 这天早晨爸爸可以与山姆待几分钟。于是，他们坐在靠近大门的圈椅上。当山姆在幼儿的出勤表上胡乱地涂上自己的名字时，爸爸很快地看了一眼放在与他坐下后视线相平处的记录展板。在其中一张照片中，教师们把山姆圈了出来，介绍了项

目及山姆正在做的事情。另一位家长和孩子进来了，这时已到了山姆爸爸要离开的时候了。教师一边欢迎刚到校的孩子，一边拉着山姆的手并告诉他说"今天的积木区有一些特别的东西！"爸爸很快地抱了抱山姆就离开了，山姆的下嘴唇开始颤抖。教师蹲下身去抱他，同时还与刚到的其他家长交谈。她一直抱着山姆直到他愿意放开手。接着，她把两个孩子都护送到积木区。

山姆看到积木区有三段短的树干，他感到很惊奇。昨天，他和两个最要好的搭档有过一个做树屋的想法。山姆告诉他的朋友，他在电视上看到过小孩子可以造真正的树屋，但他的朋友说小孩不能造，因为它们太高了，还必须使用危险的工具。现在，山姆坐下来用手在木料上来回地抚摸着，帕姆老师问道："你还记得造树屋的设想吗？"山姆点点头。"好！"帕姆接着说："我想知道有没有一种可以把这些木头接起来的办法，这样你就可以向你的朋友呈现你的打算……"

山姆和他的朋友接下来花了一个小时用这些木料做试验。在需要的时候，帕姆向他们提供了小滑轮、橡皮筋和绳子。当孩子们认为他们需要一些小木板时，帕姆提议他们到木工区去找找。越来越多的孩子到校了，另一位教师也到校了，现在教室里真是热火朝天。游戏的时间持续了2个小时，山姆的活动没有因吃点心而被打断。他的朋友去吃点心，吃完后又回来，但山姆只是停下来喝了杯果汁，然后继续建造。

当他发现帕姆在书写时，就询问老师在写什么东西。"我在记录你们现在正在做的事情。"她说，然后取出数码相机。她给三位"建筑师"看了她所拍的照片。看完之后，他们决定要造"比我们的身高还要高"的树屋。他们继续造树屋去了。山姆偶尔会被在教室的其他区域活动的孩子分散注意力，会走过去看一看。在他走开的那段时间，帕姆会过去保护这个复杂的建筑物。过了一会儿，主班老师巡视了教室，对每一组的孩子们说："我们大概还有10分钟就要进行圆圈活动了！"走到帕姆旁边，她加了一句："如果他们还沉浸在这个活动中，我们可以让活动再延长一会儿。"

早上10点，山姆到校已足足2小时了，许多孩子已经准备整理，并要到圆圈那里去。山姆很乐意参加圆圈活动，但不乐意整理。他和他的朋友对他们的树屋很是自豪。帕姆让这三个男孩把他们的建造物留在这里。主班老师让小朋友集合起来，就围着这个积木建造物坐成一个圆圈。

孩子们进行了熟悉的打招呼和唱歌活动。接着，帕姆请山姆和他的两个好朋友来讲解一下他们正在建造的树屋。山姆站起来，围着这个建造物一边走一边指着它的各个组成部分。其他的孩子提出了许多问题，其中有一个孩子问道："你打算永远把它留在这里了吗？"

全班孩子采用头脑风暴的方式讨论了能够保留建造物的所有可能的办法：通过拍照、画画或在上面贴一张标签，上面写上"请不要把它拆掉！"所有的孩子都赞同这个建造物占据的空间太大了，这样其他人都不能再在这个区域游戏了。于是一位

5岁的孩子说:"我们真的应该把树屋建在室外,就在那棵很老的大树附近。"3位"建筑师"认为这是一个好主意。这个积木建造物暂时被保留下来。

圆圈时间结束后,孩子们分散到小组中去。山姆待在学习使用黏土的那一组。山姆所在小组的教师丽娜问他:"你觉得你能否用黏土做一个树屋给我看看?"山姆急切地想尝试。他费了好大的劲才把各个部分的黏土组装起来,丽娜帮他刻痕,并把黏土的边缘弄湿令其有黏性。另外一个孩子从艺术架上找来小树枝,拿给山姆用。他的模型被放到架子上风干,孩子们完成自己的作品后一个个到户外去玩了。

玩了一会儿追逐打闹游戏之后,山姆因为那棵树而暂停了游戏。他告诉帕姆说:"在那上面造树屋对我来说太高了。"帕姆拍了一些树的照片,让孩子们在第二天的圆圈时间去思考。

当孩子们结束户外游戏回到教室时,午饭盒已放在桌上等待他们去打开。除了一位严重过敏的男孩必须坐在教师身边外,每个孩子都选择自己的座位坐下来。整个午餐时间一直充斥着嘈杂的聊天声。孩子们一个接一个地吃完饭,把午餐盒放到指定地方,朝盥洗区走去。当孩子们开始要离开桌子时,帕姆分发午休的垫子,一些孩子也过来帮忙,他们都知道这些垫子该放在哪里。这次轮到詹妮来选择CD片。很快,当孩子们从盥洗室出来在午睡垫上躺下来时,房间里充满了柔和的风声和鸟叫声。房间里的灯光变得暗淡了。

山姆难以入睡,他在家时白天是不睡觉的,也没有午休时间。他不能理解在学校里为什么必须躺下来。他把这个疑问告诉丽娜。"我知道,"她回答道,"但是在学校我们必须休息一会会儿。你不需要睡觉,为什么不只是听听音乐呢,我给你去拿一本书。"她拿来许多山姆最喜欢的书。山姆阅读了将近45分钟,直到教师喊孩子们起床。

丽娜请山姆帮忙把自己的垫子折好,放到指定地方,他注意到小桌子上准备了一些活动材料。他在其中一张桌子边独自玩起来,后来与另外两个醒得比较早的孩子一起玩。三位老师在午休的地方进进出出忙碌的时候,山姆与她们三人聊着天。这是山姆最喜欢的时光。这个时间是安静的,他可以做许多各种各样的事情,而不必与所有的孩子待在一起。当学校里很宁静的时候,他会更喜欢它。一旦所有的孩子们醒来,他们吃点心时,山姆选择加入他们。

接着,他们要做选择。因为外面下雨,他们可以选择去多功能室做音乐律动,山姆非常喜欢这个活动;如果有弟弟妹妹的话,也可以去婴儿班,山姆没有弟弟妹妹;他们还可以在雨中散步,去校园的信件收发室去取学校的信件。山姆选择了散步。

山姆花了半个小时穿好雨衣,和其他3、4个孩子一起,在外面走路的时候踩在水坑里溅起水花。然后,他们将信件送到园长、行政助理和老师们手中。他认为自己很重要,觉得长大了当一名邮递员是一个不错的想法。他把这个想法告诉帕姆,她问其原因。他告诉她说:"因为你有机会在雨天到外面去,背着大大的邮包。"帕姆把他的话记录下来。

当他们回到教室后,帕姆请山姆去书写区画一个邮递员。可他决定不画邮递员,而是画一只上端露出信件的大邮包。当他忙于在他的画作下面写"信件"这个词时,帕姆鼓励他想一想首字母的发音,以此给他提供鹰架。在那里,他使用自己发明的拼写。她帮助山姆把绘画和她所记的笔记都放进他的文件夹。

孩子们从学校的各个地方回到教室后,尚有时间再进行游戏。帕姆把山姆和他的建筑朋友集中起来,他们一起讨论该如何处理那个仍然矗立在教室中的大建筑物。他们决定再多拍些照片给父母去看,然后收好积木,制订一个计划,如果明天再玩建构游戏,就把一些材料拿到户外去。帕姆给自己写了一个备忘录,也在柜台上的教师日志上写了一条备忘录,她知道自己今晚要去寻找关于树屋的书籍。

这一天已接近尾声了。山姆知道今晚是妈妈来接他。他站在窗户边的一把矮椅上,透过窗户可以观察停车场,看家长有没有来。一认出妈妈的车子,他就径直朝门口走去。妈妈进来时,他先扑到妈妈的怀里,然后拉着她走到家长区去看桌上的照片。妈妈坐在舒服的圈椅上对他说:"快,给我看!我们还要回家吃晚饭,爸爸今晚还要去开一个会。"山姆给妈妈讲解了这些照片。他们准备离开时,丽娜走过来跟母子俩道晚安。虽然丽娜跟妈妈的接触只有几秒钟,但她们在一起笑,这让山姆感觉很棒。他问道:"丽娜是你的朋友吗?"妈妈说"是的!我们相互之间很了解。"

> 在穿过门厅时，山姆在篮子里选了一小包动物脆饼，这些饼干是让孩子们回家时带走的，因为孩子们在回家的路上坐在车里常常会感到饿。在车上，妈妈问道："今天过得怎么样？你做了些什么事情？"山姆回答道："哦，我只是玩了游戏。"

对山姆来说，这一天看上去非常平凡。但是早期教育工作者却可以从中看到：教师解决了山姆的情感需要问题；支持了他的兴趣；能够在他进行树屋的学习中，为他提供建构和读写方面的鹰架；记录他的工作；提供既安静又充满活力的活动；致力于与山姆建立一种关系。从山姆的角度看，这一天所安排的内容也提供了让他做决定、协商、做选择和休息的机会。因而，这简单的一天从山姆和教师的角度看都是完整的。

9

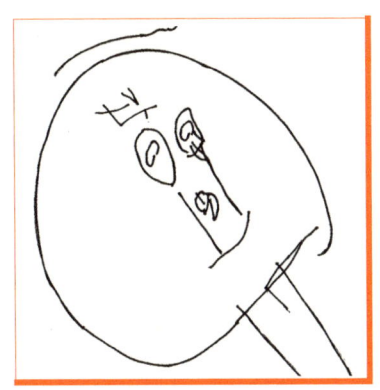

第 9 章

生成课程是一种创造性行为

设想你是如此深入地参与教学工作之互动性和理性的方面,以至于每日平淡的常规似乎也不那么让人感到有压力了。你既盼望发现问题和解决问题,也盼望在日常生活事件中寻找令人刺激的挑战。你怀着热切的期盼,以一种"让我们开始吧!"或"我想知道"的感觉去迎接这样的一天。在其他领域工作的人们每一天所面临的工作也许是无聊的,但早期教育工作者很少会有这样的感觉。在尊重专业指南和我们工作领域的边界的同时,我们有机会把自己的工作做得富有原创性和有创意,对意想不到的事情保持开放性。

回想你的一次经历,当时你是如此深入地参与到一个活动、一个爱好或某个吸引人的问题中,时间和你周围的环境似乎都消失了。你还能记得自己放松而又注意力集中地待在自己的世界里吗?可能这种情况在你还是一个孩子的时候更经常发生,你既完全沉浸在与朋友一起演出某个复杂的情节，同时还要试着去解决一个问题：我们如何才能利用找到的这些材料为树屋做一个屋顶呢？我们怎样才能把它们连在一起？我们怎样才能爬上去呢？

如果你参加艺术活动或制作活动，如果你享受复杂的拼图、字谜游戏或令人费解的游戏所带来的挑战，你可能会察觉这种专注的感觉。尽管这些活动给我们设置了挑战，但也充满着乐趣。我们动用了左右脑，要求我们把自己沉浸在挑战中进行有创造性地思考，让我们感受到心理学家米哈利·契克森米哈赖所说的"心流"体验（Csikszentmihal, 1996, 110）。

回望全书，我们讨论了回应性，讨论了形成课程要始于孩子出现的兴趣，而不是遵循预先规定的课程这一理念，换句话说，要驾驭创造力。即便你不认为自己是一个有创造性的人，但生成课程提供了一个让我们有可能独创地去回应孩子的环境。有了生成课程，你的创造性被孩子们推动。只要提供机会、时间和材料，孩子们在思维、游戏想法及解决挑战的方法等方面都会是有独创性的。当我们深入地去思考他们正在做什么时，他们的想法就能激发我们做出有新意的回应。

当我们在教室里观察孩子的时候，我们在不断地收集信息。有时候我们是有意识地进行观察，例如写下观察记录或拍照片。有时候我们把从周围发生的事情中接收的信息储存在潜意识里，直到某天或某个星期与其他教师一起反思的时候才会透露出来。当我们把该信息与所有人分享的时候，一件精彩的事情就发生了：我们开始从不同的视角来看待事物，思考用新的方法做工作。创造性的潜力就在那里。

当我们教师将自己的专业知识、判断、前知识和经验带入创造过程时，我们就可以相信自己的判断，并在做决定的时候感到有把握。相比于传统的由他人开发的早期教育课程，即便我们做出的课程决定是不同寻常的，这一结论依然是真的。

为了课程而发挥创造力

我们两侧的大脑有不同的功能。左侧大脑处理语言信息，以分析的方式和按顺序的方式处理信息，而右侧大脑关注视觉/空间信息，以更为直觉的、发散的和同步的方式处理信息。

为了让我们的思维更具有创造性，我们需要练习我们的右脑。然而，在工业化世界中，左脑思维已经变得更占优势。我们依据常规生活，受技术和时刻表以及计划者和进度表的支配。我们能否打破这种定势，即便只是用充足的时间对幼儿做出开放性的和有创意的回应呢？一些早期教育的教研员、课程设计者和教师在他们的会议中，经常使用头脑风暴和有创意的活动去激发较高水平的创造力。

无论你的学校或中心是将业务问题/组织事务的会议与课程讨论会议分开来进行，还是把两者合起来召开，意识到这两个会议议题需要完全不同的心态是很有益的。如果你参加的会议把这两个议题合并起来，那么在尝试形成新的或有挑战性的教学方法之前，致力于激发你大脑中有创造性的部分可能是值得的。你可以用好几种方法来做到这一点，它可以是好玩的和开放式的。

使用新奇的材料

如果我们期望孩子们自由地探索新材料，那么我们教师必须体验同样的发现感，体验孩子们可能会经历的不平衡感。这样，我们就会充分理解一个经验可能会让他们产生什么样的感觉。例如，你曾经有没有探索过运用水彩颜料、黏土、电线来表征自己的想法？你有没有研究过如何有效率地使用滑轮？在没有卷尺的情况下如何来测量一朵花？

在CFDC的教师大会之前，教师被要求自己花几分钟时间安静地去探索光滑的石头。随着他们逐渐参与到活动中，一些人纯粹从感官层面去体验石头，而另一些人专注于石头错综复杂的设计。几分钟后，一种放松和平静的感觉战胜了工作日的繁忙。接着，作为一种邀请物，向每个人提供一面放在桌上的镜子，它们和石头一起被教师们以一种新奇的方式使用。这个练习之后，我们讨论了孩子们对教室里材料的使用情况。关于课程未来发展方向的头脑风暴源自这种放松而又刺激的心态。

从对话开始：为课程讨论热身

对于早期教育工作者来说，会议总会受时间限制。即便如此，你可能会发现，如果从分享开始而不是从计划开始，你的会议会更有效率、更具创造性。一次自由流畅的对话，即便只有几分钟，也能帮助我们放松一点点。一个主班老师、园长或其他"挑战者"可能会问一些问题，例如，"这一周有什么东西让你感到困惑？"或者"今天有什么东西挑战了你的思维？"这种分享最终导向对观察结果的讨论，比问"明天我们打算做什么？"那样的问题有较少的限制性。

利用本领域之外的专家

当你经过一家书店的橱窗时，当你悠闲地浏览一本装修方面的杂志时，当你漫步在一个艺术长廊时，什么东西会吸引你的注意力呢？请留意那些本领域之外的人所从事的工作，例如，那些从事平面艺术、销售与陈列、室内设计工作的人，可以引领我们以有创意的方式来处理我们自己有关纪录、教室环境方面的工作，来使用早期教育常用的资源之外的材料。在一次课程会议上，你可能想要分享：一种意想不到的活动材料或资源，一种不同的展示孩子们作品的方式，激发你想象力的一张照片或一个平面设计案例。还要记住，本领域之外的从事创造性职业的人，也可以成为幼儿的朋友。通过邀请他们参与比自己年幼的孩子们的活动，可以给所有参与方（参观者、儿童和教师）都带来学习的机会。

从其他领域的作家那里分享灵感

如果你的团队成员是幼教出版物的热心读者，会议一开始就分享他们从阅读中获得的灵感是非常有价值的。但是，我们也不要忽视其他作家的话。例如，多萝西娅·布兰德在《成为一名作家》中讨论过重新获得"天真的眼睛"。她说："拒绝把自己包裹在被遗忘的外衣下到处游走……每天花半个小时，把自己送回到有着天真的兴趣的5岁状态。"（Brande, 1961, 114）尽管布兰德是在创造性写作过程的语境下说这番话，但是她的话对早期教育工作者来说，也可以作为一个灵感的源泉被分享。

邀请：走向创造

当然，发出的邀请既可以被接受也可以被拒绝。在你走向以更生成性的方法进行教学之旅时，你可以选择接受或不接受如下建议。至少，它们可能会为你的教室或常规增添趣味。最好的情况是，它们为你和孩子们提供了一个朝着回应性的和有回报的课程而工作的机会。

培养好奇心

对于感到好奇的东西，我们会学得最好。从儿童的学习中，我们可以很好地理解这一点，但我们必须记住，这对成人来说也是如此。保持你的好奇心。对孩子要有好奇心，与他们待在一起时要有好奇心。例如，我最近观察到孩子们利用椅子和架子来建构圣诞老人的雪橇（当然上面堆满玩具），然后继续用从舞蹈区拿来的围巾把自己绑在上面，像驯鹿一样跳跃。他们四处跳跃时，将手臂弯曲在前面。当我注意到这个极其不同寻常的跳跃动作时，我想知道"他们是怎么知道这么做的？从一部电影、一首歌曲、一本书中学到的吗？"我想知道"'跳跃'对他们意味着什么？孩子们是如何知道各种动物的动作的呢？"

随着对儿童展开观察，你就能提出"接下去发生了什么事情？"的问题。

成为自己教室里的陌生人

当一天开始或结束时，你独自一人待在教室，试着以一个从未到过这里的人的视角来看这个环境。这个教室会激起什么样的感觉呢？你也许发现这种感觉可能有从舒服到不安、从高兴到困惑、从安全到好奇的转变。当你作为一个初来乍到的人进入教室时，既要考虑你的反应，也要考虑一个孩子的反应会是怎样。教室是如何与你说话的？如果用新的眼光审视教室有困难，你可以试着把你的环境拍成照片，将观看照片当成一种审视你的空间的新方法。

把自己班级的环境视为一份纪录

你教室里的墙壁、活动、材料和艺术作品讲述了你的什么哲学观点？讲述孩子们正在从事什么工作呢？家具自身又在述说着什么？它们是如何被安排的？待在这个环境中，孩子们可以变得有多独立？孩子们的想法是如何被清楚地呈现出来的？作为教师，你的观点是如何得到体现的？你可以用记录的形式让所有这些要素变得清晰，以便其他参观教室的人能够理解。

塑造你的空间和挑战你自己的假设

有时候，当我们思考如何在自己的工作场所尝试一些新的东西时，

会有一个内在的声音说："那是不被允许的"或"我们必须以现在正用的方式来做"。如果你愿意尝试新的方法，更新你的工作，那我鼓励你不要去理会那个声音，只管与你的主管、你的团队或整个机构的同事去讨论你的想法，如果教工大会允许这种讨论的话。只要朝着新的方向迈出几小步，一切都会有收获，而你要迈出的第一步可能只是谈论你的想法。

设置障碍以保护你的思考时间

作为教育者，我们永远在尝试着去打破障碍。我们希望教室尊重多样性，希望与容易交流的人做同事，希望与我们的管理者建立开放的关系。但是，我建议你要保留一个障碍。你需要保护你的反思时间。挤出思考的时间是困难的，但又是重要的。如果这意味着你必须在午餐时间离开，去一个你能找到的可以独处的地方，那么你需要将此需求与在办公室共同合作的需求进行权衡，并找到一种平衡。如果你觉得与他人对话的时候更容易反思，那么你需要在你的团队中努力让对话优先进行。如果开车回家的时候，是你对一天的工作进行思考的时间，那么你就不会愿意去听收音机里无休止的交通报道或新闻。保护你的思考空间，它很难找到，因此你必须守卫它。

在创造与组织之间寻求一种平衡

生成课程既需要有创造性也需要有组织性，它们是协同发挥作用而不是对立的。要成为一名会反思的有创造性的教师，你也需要去组织你的时间和空间。你希望在需要的时候，材料能随手可得，这样你就能对自己的问题和幼儿的想法做出回应。最后，当某些事情偶然地出现时，你花费在空间安排上的时间就会有回报。

识别你真正喜欢的事情

如果我们诚实面对自己，那么我们应该知道自己擅长什么。当我们做出正确的决定时，"正确"感就会产生，孩子们当然会让我们知道自己有没有偏离轨道！我们在团队中应根据自身所长各司其职。例如，如果你是一个非常好的观察者和记录者，你可以在生成课程的这个方面担任领导者的角色，为其他人做榜样，分享你的观察记录，鼓励别人进行观察。如果团队中的另一个人善于识别好的纪录，那么整个小组都会受益，随着纪录的进行，每个人都可以提供语言输入。讨论你们作为一个团队的力量，相互支持和鼓励，当你的同事们给予你灵感时，务必让他们知道。

形成一种开放的心态

团队合作要求接纳别人的观点，这需要你去实践。仔细聆听，并对别人的所见所思持开放的心态，而不是避免去讨论不同意见。当你听到关于一份观察纪录的三种不同解释（这的确发生了）时，就有可能以在教室中提供邀请的形式构想出三种不同的回应。没有谁一定是对的，每个人都有一个声音。孩子们的反应会告诉我们，我们应该进一步追求哪一个方向。

> **教师的声音:"洗衣日"项目**
>
> 在前面一章,我们提到的娃娃玩具项目就是得到好多教师的支持、在教师不断合作下做出决定的。在这样的情况下,一个很有创造性、有深度、非同寻常的项目诞生了。但是如果你完全是一个人工作,在没有行政管理人员、没有同事、很少有机会遇到其他教育工作者的情况下,又会是怎样的情形呢?在那种情况下,有没有可能对孩子们做出有创造性的回应呢?
>
> 雪莉·唐纳利是新罕布什尔州一位有经验的农村家庭托儿服务提供者。她把家里的附属建筑物改造成一个温暖的、受欢迎的幼儿看护空间,她的设施是一个得到许可的家庭环境,最多可以招收6名儿童。雪莉与年龄段从婴儿到学龄前的孩子一起相处已经8年了,同时,为获得早期教育专业的大专文凭她还利用业余时间去上学。像雪莉这种情况在许多北美的早期教育工作者中是有代表性的:她有自己的家庭,经营一个全日制儿童照看机构,晚上到学校读书。尽管这难免让生活很忙碌,在时间安排上有很高的要求,但雪莉还是一位考虑周到的从业者,真正投入早期儿童教育事业,努力地成长。
>
> 作为我所教的实习课程的一名成员,雪莉被要求在冬季学期完成一个生成课程项目。为了这项任务,学生们打算利用观察来指导自己做出决定,并记录整个过程(包括他们自己对所发生的事情的反思)。考虑到生成课程的性质,学生们完成整个任务的时间线是由孩子们控制的。在这个学期,无论什么时候,只要机会来临了,学生们就可以开始他们的任务,然后当孩子们的兴趣转移到其他事物上或突然偏离主题,实习教师可以完成他们的记录并递交作业。这样,时间线和项目的长度是非常灵活的。
>
> 在实习讨论会上,雪莉经常感到困惑,她跟我们分享了她的沮丧。

她解释说：她的孩子年龄范围从1岁到5岁，她一个人带班，孩子们常常"到处"玩游戏和做自己感兴趣的事情。雪莉提供了一个例子：在某一刻，两名学前儿童在玩海盗的游戏，另一个孩子最近经历了家里添了一名新成员，还有一名婴儿沉迷于观看大孩子玩游戏。她该如何找到一个可以追随儿童的线索呢？我们经常讨论一个事实，在生成项目中不一定要让所有孩子都参加，但由于她是一个人带班，这个观点对雪莉不管用。无论她选择什么主题进行下去，婴儿还是需要细心看护，她还得做午饭，做其他的日常杂务，同时还要解决这个班广泛的发展需要。雪莉经常准备一些邀请物，有时候围绕着她所观察到的海盗游戏，但她觉得孩子并非完全投入其中。雪莉真的不知所措。

与此同时，她机构中日复一日的生活继续着。与许多家庭托儿服务提供者一样，她的教学角色常常被日常杂务打断。其中有一个杂务是洗衣服，就是这项工作给雪莉提供了解决困惑的办法。一开始是一个孩子，接着是2个孩子引领雪莉进入这个虽然短暂但非常有意义的项目。让我们完整地看一下雪莉的这个项目，听听用她自己的话讲述的故事。我们从她的第一次观察开始。

4月11日

小睡之后，我观察到伯罗丁在努力地叠自己的毯子，把它收起来。看到这一幕，我感到好奇："为什么不向所有的孩子展示一下怎么叠毯子呢？"凯尔有点犹豫，但他摊开他的毯子，我教他如何把这边的两个角和另外两个角重叠起来，把毯子调个头再重复一次。我评论道："看，它变得小一点了，这就差不多叠好了。"完成叠毯子之后，凯尔说："我叠好了，雪莉！看这个——好酷！"

4月12日

正当我要把一大堆待洗的衣服放进洗衣机时,伯罗丁走过来问:"你需要什么帮助吗?"我告诉他:"当然!"他开始把白色的衬衣放进洗衣机。但是我正在洗深色的衣物,于是我向他解释道:"这一次我其实只想洗深色的衣服,你能否帮我把篮子里深色的衣服找出来呢?""为什么?"他问道。我解释说:"如果我把白色或浅色的衣服与深色的衣服一起洗,有时候深色衣服上的染料在水里快速地转动,和浅色的衣服混合在一起,容易使浅色衣服染上颜色。""哦!"当他挑出一件深蓝色的T恤时他问道:"这一件行不行?"我告诉他:"真棒!"凯尔加入到我们中来,他问道:"我也能够来帮忙吗?"我答道:"当然可以,凯尔,我会告诉你做什么,伯罗丁会把深色的衣服找出来,你帮我把它们放进洗衣机。"男孩们能够成功地进行分类,一起把衣服放进洗衣机。

4月13日

我把戏剧游戏区改成洗衣房之后,凯尔和伯罗丁在这个区域展现出新的兴趣。伯罗丁开始"洗"宝宝的毯子和毛巾,然后把它们熨烫和折叠好。折叠了一会儿,他意识到自己忘记把它们晒干了,于是他来问

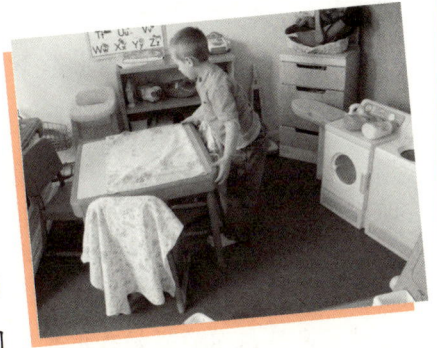

我洗和熨烫这两件事情应该先做什么。我给他做了一个简短的解释,他说:"哦,好的,现在我必须把这些东西都拿出来,重新开始!"他把衣服放进洗衣机,举起洗涤剂和织物柔顺剂的瓶子问我:"我要把哪一个倒进去?"我解释说:"深蓝色的瓶子是洗衣液,用于清洗衣服,就像肥皂

可以用于洗手一样，浅蓝色的瓶子是织物柔顺剂，用于使衣物摸上去柔软，闻起来很香。"

当凯尔进入家政区，伯罗丁说："凯尔，想来给我帮忙吗？你能把所有的宝宝衣服收集起来吗？这样我可以把它们洗一洗。"凯尔看上去似乎没有多大兴趣，说道："不。"于是，伯罗丁建议："我来收衣服，如果你愿意可以来帮我转动洗衣机。"凯尔再次说不，伯罗丁继续他的独自游戏。衣服洗完后，伯罗丁把衣服放到干衣机里，问我："现在，我是不是要把这个（织物柔顺剂）倒进这里（干衣机）？"我再次解释说："织物柔顺剂是加在洗衣机里的。"他开始把所有的衣服从干衣机里取出来，又放回到到洗衣机里重新洗。当衣服洗好烘干后，伯罗丁开始熨烫。他停下来说："雪莉，我想我做错了。我忘记了我必须在烘干之前把它们熨烫好。"我解释说："衣服必须先洗干净，接着烘干，然后熨烫。"熨烫完一条毯子后，他将毯子放在桌子上摊开来折叠好，然后收进抽屉里。

4月18日

本周初我把最新一期的时事通讯①发给家长，之后我收到了关于洗衣的反馈信息。凯尔的妈妈告诉我，凯尔对帮助她洗衣服表现出兴趣，甚至知道如何叠毛巾。她对凯尔知道怎么做感到很吃惊，她说自己以前没有教过他。读完通讯后，她觉得这一切是有意义的。听到他正在学习这样一件简单的日常事务，还保持着兴趣，这让她感到很激动。

---

① 类似于家园联系的新闻通讯，向家长汇报正在进行的学习活动。——译者注

4月19日：实地参观自助洗衣店

在自主洗衣店，其实我们并不是来洗衣服的，我们只是观察其他人洗衣服的过程。来洗衣服的人很合作，因为他们很高兴看到我在教小孩子洗衣服。

从洗衣机开始，我们跟随了整个洗衣过程。

伯罗丁：看肥皂泡。就像我们洗手时，肥皂把我们的手洗干净了对吗？

雪　莉：对呀，你知道怎样才能把手里的肥皂去除掉吗？

凯　尔：水！

雪　莉：是的，洗衣机开始洗衣服后，衣服上全是肥皂泡泡，洗衣机会把肥皂水挤干，然后加入干净的水，把水旋转起来洗掉泡泡。再然后，通过非常快的旋转把水排出去，这时衣服就可以去烘干了。

雪　莉：清洗部分要持续一段时间，我们可以坐下来等洗衣机完成衣服的清洗工作。（衣服在清洗的时候，我们坐下来等待，一起说说话。后来，洗衣机停止工作了。）

雪　莉：好了，衣服的清洗完成了。接下来我们还要做什么呢？

伯罗丁：给它们烘干！

凯　尔：（伯罗丁一说完就重复说）给它们烘干！（我们走到烘干区，去看看干衣机是如何工作的。）

凯　尔：（走过去摸摸干衣机上的玻璃）哇哦，这个太烫了！我不想去摸它。

伯罗丁：它为什么这么烫？

雪　莉：我们去看看洗衣机烫不烫。

伯罗丁：（跑过去摸洗衣机）不烫，它是冷的。

雪　莉：如果用热空气吹的话，衣服就会干得快一些。谁还记得衣服烘干以后我们还要做什么？

伯罗丁：你在床上将它们折叠好。

雪　莉：对，有时候衣服放在床上叠，但是在自助洗衣房里没有床，所以我们在一张大桌子上叠衣服。（我们用一分钟时间观察一个人在叠衣服。）

雪　莉：你们觉得这是不是洗衣服的最后一道程序？

伯罗丁：不，你要把它们装进你的面包车里。

雪　莉：对，然后我们还要怎么处理这些洗好的衣服呢？

伯罗丁：你把它们拿到家里，对吗？

雪　莉：是……拿到家里后，你就把它们放在洗衣篮里吗？

凯　尔：不是的。

雪　莉：凯尔，你认为我们应该怎么处理这些衣服呢？

凯　尔：嗯，我忘记了。

雪　莉：伯罗丁，你还记得吗？

伯罗丁：我认为你必须把它们收起来放好。

雪　莉：（唱了一段她以前创作的洗衣歌，并与孩子们分享）于是他们准备……

伯罗丁：（唱）明天穿。

4月19日

回到家里，我给孩子们演示了如

何把水甩干，我们还将所有刚才学到的词列了一张清单。

为了帮助孩子们理解衣服里的水是如何被甩干的，我们用布娃娃的湿衣服和沙拉脱水器做了一个把衣服中的水甩干的实验。伯罗丁说："看，我们甩出来的水！"

4月20日

我没有成功地找到一本一步一步地教小孩洗衣服的书，对此我并不奇怪。孩子们认为我们应该做一本这样的书。为了让他们参与书的制作，我请他们把洗衣服的所有阶段都画成图片。我决定把我们参观自助洗衣店时拍摄的照片连同他们画的图片一起加到书页上。这件事情的工作量很大，但是结果很有价值。每个孩子复印了一本，知道自己参与了其中的工作。

利用伯罗丁在家政区洗衣步骤的图片，我可以为孩子们制作排序卡，用来让孩子们练习洗衣步骤。

为了表征洗衣服的步骤，我们也制作了一张循环流程图挂在教室里。于是，家长们可以看到孩子们在我的家里帮我做了很多洗衣服的事情。我们把洗衣的步骤改编成一首歌。当我教他们唱我编的歌曲时，我让他们把一些关键词填进去。用这些词创作一首歌和制作一块展板，使孩子们能通过看图更容易记住它们，通过唱歌更容易

遵循洗衣服的流程。完美的结合。

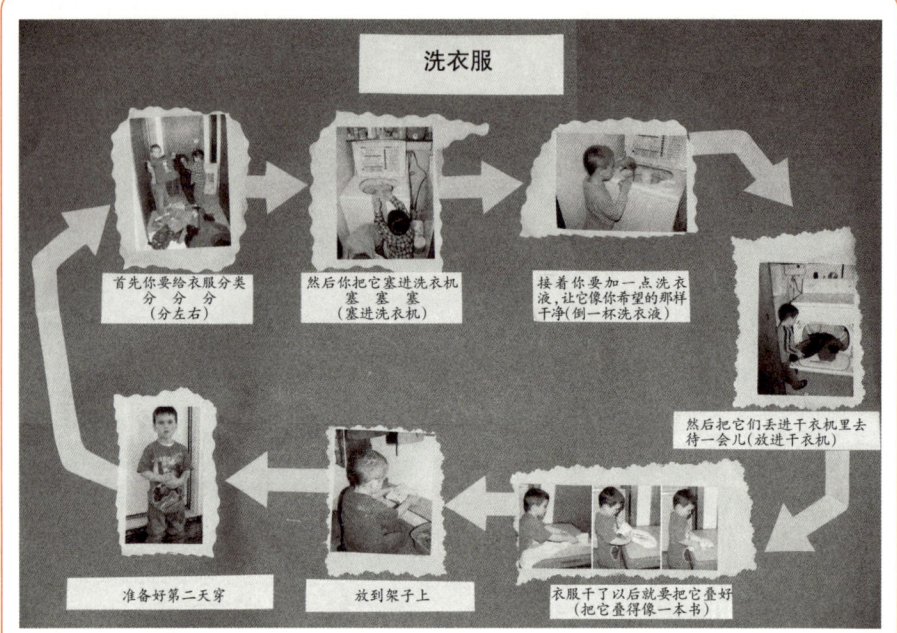

对洗衣日项目的反思

你第一次参观我的托儿机构时,你做出的评论是我其实不需要课程方面的书籍来开发活动和项目。但我问自己,我如何才能想出一些办法,为每一个孩子所感兴趣的主题提供鹰架呢?在那个时候,我没有真正理解生成课程。

我最初选择的是关于小宝宝的项目,因为我的看护机构中有两个男孩今年将要做大哥哥了,他们花了很多的时间和娃娃一起玩,并且扮演妈妈或爸爸的角色。然后,另一个孩子开始玩海盗的游戏,于是我想聚焦到那个主题。但他后来从我的机构中离开了,其他的孩子再也没有谈论过海盗。于是我继续留意理想的焦点。突然,它就出现在你的眼前了。像教孩子洗衣服这样简单的事情就成为理想的生成课程项目。

我必须承认，我又回到老习惯中去，试图寻找随时可用的想法来用到这个项目中去，但我能找到的所有点子只是给要洗的衣服分类和清点数目。我想让孩子们明白洗衣服的整个过程，因为他们对此是如此好奇。这个项目中的每一个想法要么是我与孩子们通过头脑风暴想出来的，要么是我必须想出解答他们所提问题的办法（例如，沙拉脱水器的活动）。我们从零开始制作了剪贴画排序卡。这个项目的每个部分都是令人满意的。我从来没有为了找点子而去翻阅课程方面的书籍，但是孩子们的问题得到了解答，在好奇的基础上，他们建构了许多知识。

当我在一个家庭托儿机构给其他上基础班的学生做演示时，他们问我，我所做的活动属于哪一种类型，我给他们讲了这个与孩子们一起做的最新的工作。教授们听到这个项目后很吃惊。他们从来没有想过与孩子们一起工作，学习这类实用性知识。对我来说，最有优势的一个方面正是我所拥有的家庭托儿环境。为什么不教孩子们一些关于杂货铺、园艺、清扫、洗衣或饭后清理桌子等方面的东西呢？玛利亚·蒙台梭利是这么做的，我们也可以这么做。我认为这对孩子们的未来很有帮助，因为这些都是他们长大成人后要用到的。孩子们自然会对它们着迷。（我的托儿中心的一名家长告诉我，她读大学的时候有两位室友，对怎样铺床或洗衣服一窍不通！）对于教孩子们这些日常生活中要用到的实用性知识的机会，我们不能忽视。

生成课程是一个非常强大的教学过程。我已经明白，教学不应该来自一本事先规定了活动内容的计划书，它应该来自孩子们的想法。

对雪莉工作的反思

考虑到这是雪莉第一次尝试生成课程项目，看到它是如此完整，我们感到很激动。雪莉注意到了能证明孩子对洗衣服感到好奇的一次日常对话。我怀疑这样的对话在托幼机构中一天会发生好几次，无论他们是基于机构的还是家里的经验。毕竟，孩子对成人的工作怀有天然的好奇心。利用一些观察作为起点，雪莉把环境改变成戏剧游戏区。她对这次邀请期间发生的事情进行记录，并注意到一个孩子正在努力按顺序玩洗衣服的游戏。这里，我们看到了一些鹰架的发生。孩子们需要更多的真实生活经验，于是教师把他们带到另一个地方，那个地方是专门洗衣服的——自助洗衣房。这不是教师们通常会选择的实地参观场所，但却是一个有灵感的地方。在这里，孩子们可以观察到人们洗衣服的整个过程。雪莉也用照片在进行着记录，并转录了孩子的问题和她的解释。

回到托儿中心，雪莉最初的想法是帮助孩子们理解旋转使衣服中的水被排出来。她给孩子们提供了一个沙拉脱水器，用娃娃的湿衣服来探索。然后，她植入一个读写的要素，帮助孩子们理解洗衣服的过程——他们一起制作书本。雪莉还想做一些排序方面的努力，比如，她制作了卡片给孩子们用于排序（皮亚杰称之为序列化中的一个核心经验）。在做所有这些事情的过程中，雪莉成功地向每个家庭寄了一份通讯，其中对孩子们正在进行的项目做了解释，使家长弄清楚了为什么他们的孩子突然知道如何叠毛巾了！

通过学习这份记录，我们所看到的是一个非常完整的过程。这位教师注意到了孩子的一个兴趣，快速记录对此现象的一些简短注释，改变环境来邀请孩子们玩装扮游戏，再进行观察。然后，她带孩子们去更广阔的社区，接着又设计了帮助孩子获得进一步理解的活动，把所有这些进行记录，与家长进行交流，再对整个项目活动过程进行反思。

雪莉关注真实生活中的工作，为幼儿提供考虑周全的鹰架，这些做法可能会让我们想到其与杜威、蒙台梭利和维果斯基的联系。这样，这个产生生成课程的案例带给我们的启示是：我们不一定需要由别人设计的活动书籍、预先规定的课程或资源，我们所需要的是把注意力集中到幼儿身上。

教师最后要说的话

本书中的教育工作者很慷慨地分享了他们的故事、他们的努力以及他们的方法。以发出进一步邀请的形式，他们希望再跟您说几句话：

问自己这些问题：你的环境中有什么东西让孩子开心，让他们提出问题？孩子们是如何操作这些让你产生疑问的材料/挑战的？你可以如何探索这个问题？

尝试任何新的事情是势不可挡的。想想你的热情在哪里？关于你的实践有没有想知道的东西？这能不能成为一个不错的起点呢？

（利兹·希克斯，新斯科舍省哈利法克斯市早期教育顾问）

我们给孩子一些开放性玩具希望他们会怎么玩，同样也可以用这样的方式来思考课程的可能性。相信过程——当你做的时候，你总能从中学到一些东西，而不只是对结果感到满意或失望。

（特蕾莎·科斯格罗夫，俄勒冈市威廉港大学教师）

养成对寻常时刻进行记录的习惯。我喜欢把这些日常的观察比作珠子。珠子是我个人生活中喜欢的东西。我总是收集简单但有趣的珠子。我从不对如何把它们镶嵌到我的下一个项目中去做过早预期，所以我将之视为一种潜力，装进盒子以备后用。同样地，随着时间推移，当我发现由孩子们创造的更大的情境时，日常笔记、对话或我在教室里拍摄的照片之意义才会显现。到那个时候，我才开始把珠子串起来，一个项目就成形了。

（苏珊·哈格纳，新罕布什尔州康科德市爱默生幼儿园园长）

不管你乐于继续你目前的课程取向，还是想研究新的思考课程的方法，生成课程都给你提供了一个探索（孩子们的和你自己的）精彩想法的机会。它让你既对工作保持激情，同时达到我们这个领域的职业要求。如果你持有好的想法，然后努力地与别人一起思考、探索可能性、与更大的共同体分享结果，你会逐渐成长为一名教育家。

从教室生成的活动中提炼教育的金子需要有高超的教学艺术。

（埃利奥特.W.艾斯纳，《艺术与心灵的创造》）

我们在一个富有挑战的领域工作。让我们带着我们所有的专业知识和训练，还有我们对孩子的强烈责任感，将这些与游戏性和创造性结合起来，使我们的课程变得开放和有回应性。当我们把教学技巧与反思性实践结合起来时，我们会沉浸在生成课程的艺术中，并得到滋养。

参考文献

Bredekamp, S., and C. Copple, eds. 1997. *Developmentally Appropriate Practices in Early Childhood Programs*, rev. ed. Washington, D.C.: NAEYC

Brande, D. 1961. *Becoming a Writer.* Los Angeles: J. P. Tarcher.

Copley, J., National Association for the Education of Young Children, National Council of Teachers of Mathematics. 2000. *The Young Child and Mathematics.* Washington, D. C.: NAEYC.

Csikszentmihaly, M. 1996. *Creativity: Flow and the Psychology of Discovery and Invention.* New York: HarperCollins.

Curtis, D., and M. Carter. 2000. *The Art of Awareness: How Observation Can Transform Your Teaching.* St. Paul: Redleaf Press.

——2003. *Designs for Living and Learning: Transforming Early Childhood Environments.* St. Paul: Redleaf Press.

Edwards, C., L. Gandini, and G. Forman, eds. 1993. *The Hundred Languages of Children: The Reggio Emilia Approach-Advanced Reflections.* 2nd ed. Greenwich, Conn.: Ablex.

Eisner, E. W. 2002. *The Arts and the Creation of Mind.* New Haven: Yale University Press.

Fanelli, S. 1995. *My Map Book.* New York: HarperCollins.

Forman, G. 1996. *Jed Draws His Bicycle: A Case Study of Drawing to Learn* (videotape) Amherst, Mass.: Performanetics.

——2000. *Ordinary Moments: Where the Children Live.* Presentation to the Organization Mondial pour L'Education Prescolaire, 5th International

Conference on Early Childhood.

Fraser, S., and C. Gestwicki. 2002. *Authentic Childhood: Experiencing Reggio Emilia in the Classroom.* Albany, N.Y.: Delmar Publishing.

Hill, L. T., A. J. Stremmel, and V. R. Fu. 2005. *Teaching as Inquiry: Rethinking Curriculum in Early Childhood Education.* Boston: Pearson Education.

Hohmann, M., and D. P. Weikart. 1995. *Educating Young Children: Active Learning Practices for Preschool and Child Care Programs.* Ypsilanti, Mich.: High/Scope Press.

Jones, E., and J. Nimmo. 1994. *Emergent Curriculum.* Washington, D. C.: NAEYC.

Jones, E., and G. Reynolds. 1992. *The Play's the Thing: Teachers' Roles in Children's Play.* New York: Teachers College Press.

Nicholson, S. 1971. How Not to Cheat Children: The Theory of Loose Parts. *Landscape Architecture* 62(1):30-34.

Rinaldi, C. 2006. *In Dialogue with Reggio Emilia: Listening, Researching and Learning.* New York: Routledge.

Stacey, S. 2005. Emergent Curriculum: Struggles, Supports, and Successes. Master's thesis, Pacific Oaks College, Calif.

Wien, C. A. 1995. *Developmentally Appropriate Practice in "Real Life": Stories of Teacher Practical Knowledge.* New York: Teachers College Press.

Wien, C. A., and S. Kirby-Smith. 1998. Untiming the Curriculum: A Case Study of Removing Clocks from the Program. *Young Children* 53(5):8-13.

Wien, C. A., S. Stacey, B.-L. H. Keating, J. D. Rowlings, and H. Cameron. 2002. The Doll Project: Handmade Dolls as a Framework for Emergent Curriculum. *Young Children* 57(1):33-38.